대학생을 위한 즐거운 글쓰기

이 정 미 지음

에듀컨텐츠·휴피아
ECH Educontents·Huepia

"

에듀컨텐츠·휴피아
ECH Educontents·Huepia

"

책을 발간하며 ...

대학에서의 글쓰기는 단순히 과제를 수행하기 위한 형식적 기술이 아니다. 강의실에서 배우는 지식을 이해하고 정리하는 과정은 물론, 발표문 · 보고서 · 토론문을 작성하고 나아가 졸업을 준비하며 자기소개서를 써 내려가는 데까지 글쓰기는 기본이 된다. 하지만 학생들은 종종 글쓰기를 '잘 해야 하는 것', '평가받는 것'으로만 인식하며 부담을 느낀다. 이 책은 바로 그 지점에서 출발한다. 글을 잘 쓰는 법을 말하기에 앞서, 글이 어떻게 만들어지는지 그 구조와 원리를 이해하도록 돕는 것이 이 책의 목적이다.

글은 단어에서 시작된다. 단어가 연결되면 문장이 되고, 문장이 모여 문단이 되며, 문단이 구조를 갖추면 하나의 글이 완성된다. 많은 학생이 처음부터 완성된 글을 쓰려다 막히곤 한다. 그러나 글쓰기는 완성에서 출발하는 것이 아니라, 기본 단위를 이해하고 작은 표현에서부터 쌓아 올리는 과정이다. 이 책은 글을 '잘 쓰는 결과'를 강요하기보다는, 글을 '만들어가는 과정'을 경험하도록 안내한다. 문장을 만드는 법을 알고, 문단을 구성하는 원리를 이해하며, 하나의 글이 어떤 구조를 가지는지 파악할 수 있다면 글쓰기는 더 이상 모호한 기술이 아니다.

제1장은 글쓰기의 의미와 목적, 글과 사고의 관계를 다루며 글쓰기를 바라보는 관점을 넓힌다. 제2장은 글의 기본단위를 익히고, 생각이 글로 옮겨지는 과정을 단계적으로 설명한다. 제3장은 서론 · 본론 · 결론의 구조와 다양한 전개 방식을 통해 글의 형태가 어떻게 조직되는지 보여주며, 마지막 제4장은 보고서 · 논문 · 자기소개서 · 사업계획서 등 대학생이 실제로 접하게 되는 글쓰기 과제로 확장한다. 이 흐름을 따라가다 보면, '글을 잘 쓰는 법'보다 더 중요한 질문인 '글은 어떻게 쓰이는가'를 자연스럽게 이해하게 된다.

이 책이 글쓰기의 기본을 세우는 출발점이 되어, 대학 생활 속에서 스스로 생각을 조직하고 표현할 수 있는 능력을 기르기를 바란다. 완성된 글을 목표로 하기보다, 한 줄 한 줄 쌓아가는 과정을 경험할 수 있다면 이미 글쓰기는 시작되고 있다.

2025년 12월

목 차

저자소개

• 이 정 미
예수대학교 교수

"

에듀컨텐츠·휴피아
ECH Educontents·Huepia

"

대학생을 위한 즐거운 글쓰기

에듀컨텐츠·휴피아
ECH Educontents·Huepia

제1장 글쓰기의 이해

1. 글쓰기의 기초

1) 글쓰기의 의미

글쓰기는 자신의 생각을 문자로 표현하는 행위이다. 우리가 어떤 현상이나 사건, 이론에 대해 갖는 흩어진 생각들은 글쓰기를 통해 명료하게 드러난다. 즉, 글쓰기는 자신의 생각을 정리하여 표현하는 중요한 수단이다.

글쓰기는 또한 효과적인 의사소통의 수단이라는 점에서 우리가 반드시 갖추어야 할 핵심 역량 가운데 하나다. 글쓰기 활동을 통해 다양한 주제와 유형의 글을 읽고 쓰는 경험을 쌓으면서, 능동적이고 효과적인 소통 능력을 기를 수 있다. 이를 통해 논리적이고 합리적인 의사소통 역량을 함양할 수 있다. 물론 글쓰기를 비교적 수월하게 해내는 사람들도 있지만, 대부분의 사람들은 글쓰기와 마주하면 많은 고민에 사로잡히곤 한다.

좋은 글을 쓰기 위해서는 먼저 글을 쓰는 목적이 무엇인지, 예상 독자가 누구이며 무엇을 원하는지, 독자에게 어떤 반응을 기대하는지, 그리고 독자의 지식 수준은 어떠한지를 충분히 고려해야 한다. 그러나 무엇보다도, 송숙희(2018)가 지적했듯이 글쓰기 전에 핵심 메시지로 삼을 "쓸거리"를 미리 준비하는 것이 가장 중요하다. 송숙

희는 많은 사람들이 글쓰기를 어려워하는 근본 원인으로 "쓸거리가 분명하지 않기 때문"이라고 설명한다. 무엇을 쓸지 명확히 정하지 않은 채 글을 쓰면 생각들을 늘어놓기만 하다가 횡설수설에 그치기 쉽다. 미리 전달할 내용을 핵심 위주로 논리 있게 정리하지 않으면 독자에게 제대로 읽히지 않는다는 것이다. 따라서 본격적으로 글을 쓰기에 앞서 핵심이 될 내용(쓸거리)을 충분히 마련하고, 그 내용을 바탕으로 전달할 메시지를 명확하게 구성하는 준비 작업이 반드시 필요하다.

오랜 시간 글 쓰며 밥을 먹고, 십수 년 동안 글쓰기를 지도하며 제가 간파한 점이 있습니다. 글쓰기 때문에 겪는 곤란과 혼란의 원인은 대부분 '쓸 거리가 분명하지 않아서'라는 것입니다. 글을 써도 늘지 않는 이유는 단언컨대 쓸 거리가 없거나, 쓸 거리를 제대로 정리하지 못하거나, 쓸 거리가 분명하지 않아서입니다.

쓰는 사람과 자신이 무엇을 쓰는지도 모르면 이런저런 생각을 늘어놓아 봐야 결과는 횡설수설, 중언부언입니다. 독자에게 전달할 내용을 미리 정리하지 않았으니 써봤자 그 글이 읽힐리 없습니다. 들은 내용, 읽은 내용, 기억나는 것들을 대충 얼기설기 짜깁기나 할 뿐입니다.

쓸 거리를 분명히 정했어도, 논리적으로 짜임새 있는 메시지를 구성하지 못하면 결과는 마찬가지입니다. 글쓰기에서는 핵심을 콕 집어 메시지를 만들어 낼 쓸 거리를 준비하는 작업이 가장 중요합니다.

(송숙희(2018), 150년 하버드 글쓰기 비법, 유노북스)

대학에서의 글쓰기도 예외는 아니다. 대학에서 글쓰기는 정보를 전달하고 의견을 제시하는 자기표현의 수단이며 동시에 중요한 의사소통의 형식이다. 물론 한 개인에게 요구되는 의사소통 능력은 글쓰기만을 뜻하는 것은 아니다. 사회에서 일반적으로 말하는 의사소통 능력은 우리말로 된 문서를 제대로 읽고, 상대방의 말을 듣고 의미를 파악하며, 나아가 자신의 의사를 정확하게 표현하는 능력을 모두 포함한다. 이 가운데 가장 높은 집중력이 필요한 활동이 바로 글쓰기다. 한 편의 글은 말하기나 듣기와 달리 오랜 시간 집중과 수정을 거쳐 완성된 결과물이므로, 글쓰기를 통해 나온 완성된 글이 의사소통과 자기표현의 최종적인 결정체가 될 가능성이 크다.

나아가 대학 생활은 물론 사회생활을 할 때에도 다양한 문제 상황에 대응하기 위해 탁월한 글쓰기 능력이 요구된다. 그러나 이러한 글쓰기 능력은 단기간에 한두 번의 연습만으로 향상되기 어렵다. 다른 지식이나 역량과 마찬가지로 글쓰기도 체계적이고 지속적인 훈련이 필요하다. 특히 글쓰기는 대부분의 경우 혼자 힘으로 완성해야 하므로, 각자가 자신만의 글쓰기 비법이나 전략을 갖추고 있어야 한다. 이를 위해 혼자만의 시간과 에너지를 얼마나 투자하느냐에 따라 글쓰기 실력에 차별적인 성과가 나타나게 될 것이다.

2) 글쓰기의 필요성

오늘날 우리는 지식과 정보의 생산이 폭발적으로 증가하고 산업과 기술의 융합을 통해 새로운 분야가 끊임없이 등장하는 시대에 살고 있다. 그만큼 직업 환경, 공동체의 모습, 노동의 가치 등 사회 전반이 급속히 변화하고 있다. 이런 상황에서 미래를 준비하기 위해 교육 분야의 변화가 필수적이라는 지적이 있다. 실제로 2015년 세계경제포럼에서도 4차 산업혁명 시대에 가장 빨리 변화해야 할 분야 중 하나로 교육을 꼽았다. 대학 교육에서는 융합적 사고를 통해 현실 문제를 해결할 수 있는 역량을 갖춘 미래 인재를 길러내야 한다는 요구가 크다. 이를 위해 대학 교육은 과거의 지식 주입 중심에서 벗어나 창의력, 비판적 사고력, 소통 능력, 협업 능력 등을 함양하는 방향으로 바뀌어야 한다.

이러한 4차 산업혁명 시대에 대학에서 왜 글쓰기 교육을 더욱 강조할까? 하버드대학교를 비롯한 세계의 유수 대학들이 신입생에게 글쓰기를 필수 과목으로 가르치는 이유는 무엇일까? 그것은 바로 우리의 시대가 개인의 주체적 판단과 가치 존중을 중시하는 동시에, 지식과 정보의 효율적 처리를 요구하는 특징을 갖고 있기 때문이다. 우리는 다양성 속에서 각자의 개성을 존중하며, 민주 시민의 기본 자질을 갖춰야 한다. 민주 시민으로서의 자질은 무엇보다 원활한 의사소통 능력에 달려 있다. 한편으로 현대인은 홍수처럼 쏟아지는 정보를 수집·정리·보관·활용하는 지식 정보처리 능력도 갖추어야 한다. 대학에서 글쓰기를 가르치는 까닭은 글쓰기 학습 과정을 통해 이러한 의사소통 능력을 기르고, 다양한 문제를 발견하여 융합적 사고로 해결할 수 있는 종합적 역량을 키울 수 있다는 확신 때문이다. 즉, 대학의 글쓰기 교육은 미래 사회에 능동적으로 대응할 수 있는 창의적이면서도 소통 능력이 뛰어난 인재를 기르는 밑바탕이 된다.

요컨대, 글쓰기는 글을 통해 자신의 사고나 주장, 느낌이나 경험을 표현하고 공유하는 행위다. 글쓰기를 통하여 우리는 정보를 분석·종합·비판하여 새로운 의미를 구성할 수 있다. 이를 통해 자신의 생각이나 감정을 구체화하고, 그것을 타인에게 효과적으로 전달함으로써 사회적 협력을 이끌어낼 수도 있다. 대학생들은 문자 언어와 다양한 기호, 매체 등을 활용하여 자신의 사고와 느낌, 경험을 표현하고 타인의 생각을 이해하면서 새로운 의미를 함께 구성해 나가는 의사소통 역량을 길러야 한다. 이러한 과정에서 자신과 타인, 세계와의 관계를 성찰하고 조정하는 능력도 함께 키울 수 있다. 따라서 글쓰기의 원리와 과정, 다양한 글쓰기의 이론을 체계적으로 익히고 바람직한 글쓰기 태도를 갖추는 것이 중요하다. 그리고 직접 글쓰기 실습을 지속적으로 해 봄으로써 대학 글쓰기 교육의 목적과 의의를 몸소 체득해야 할 것이다.

3) 글쓰기의 목적

현대 사회에서 무엇보다 요구되는 능력으로 의사소통 능력, 대인관계 능력, 문제해결 능력, 사고력 등이 꼽힌다. 글쓰기는 이러한 능력들을 길러주는 효과적인 방법 중 하나다. 우리는 초·중·고등학교를 거치며 이미 글쓰기를 배워왔지만, 여전히 대부분의 대학에서는 공통 기초 교과목으로 대학 글쓰기를 필수로 배우고 있다. 대학에서의 글쓰기 교육은 다양한 주제와 유형의 글을 수용하고 생산하는 활동을 통해 학문의 기초 역량, 능동적이고 합리적인 의사소통 능력, 비판적·창의적 사고력을 함양하는 것을 목적으로 한다.

구체적으로, 대학 글쓰기 교육이 지향하는 목표는 다음 네 가지로 요약된다.

첫째, 글쓰기를 통해 의사소통과 사아 인식의 관계를 이해하고 사회적 상호작용을 체험하도록 하는 것이다. 글쓰기 과정에서 학생은 자신이 무엇을 인식하고 중요하게 여기는지를 돌아보게 되며, 글쓰기가 사람들 사이의 관계 형성과 유지, 발전에 기여한다는 사실을 직접 경험하게 된다. 긍정적인 자기표현을 통해 자아 성장을 도모하고, 더 나아가 공동체의 쟁점에 대한 글쓰기 활동에 참여함으로써 공동체 발전에도 기여할 수 있다.

둘째, 정보를 명확하고 효과적으로 전달하는 글쓰기 능력을 기르는 것이다. 학문적 활동을 효율적으로 수행하려면 다양한 경로로 자료를 수집하고, 그렇게 모은 정보를 가치 있는 내용으로 선별·분류하여 체계적으로 조직한 뒤 독자에게 전달할 수 있어야 한다. 이를 위해 글을 쓸 때는 수집한 근거의 타당성, 신뢰성, 공정성을 판단하고, 글의 주제와 목적, 독자에 맞추어 적절한 설득 전략을 활용해야 한다.

셋째, 글쓰기 과정을 통해 경험과 사고를 확장하고 논리적·비판적 사고력을 신장하는 것이다. 예를 들어, 시사적인 현안이나 쟁점을 주제로 글을 쓸 때 여러 관점에서 충분히 분석한 후 자신의 입장을 정하고, 그에 따라 의견이나 주장을 명료하게 표현해야 한다. 또한 자신이 채택하지 않은 다른 관점의 약점이나 문제점을 근거를 들어 비판할 수 있어야 한다. 이처럼 논증에 기반한 설득적 글쓰기를 연습함으로써, 타당하고 신뢰할 만한 근거를 제시하고 공정한 논거와 효과적인 설득 전략을 구사하는 능력을 키울 수 있다.

넷째, 글쓰기를 통해 자기 성장에 도움이 되는 정서적 표현 능력을 함양하는 것이다. 일상 속에서 얻은 생각이나 느낌을 글로 진솔하게 표현함으로써 긍정적인 자아개념을 형성하고, 독자에게 즐거움과 감동을 줄 수 있다는 것을 이해해야 한다. 특히 자신의 경험에서 우러나온 감정을 과장하거나 왜곡하지 않고 진정성 있게 표현할 때 독자의 공감을 얻을 수 있음을 배울 수 있다.

이러한 글쓰기 교육 목표를 달성하기 위해서는 무엇보다 학생들이 자기주도적으로 글쓰기 수업에 참여하는 태도가 중요하다. 만약 글쓰기를 그저 필수라서 어쩔 수 없이 수강하는 과목으로만 여긴다면, 학생들은 글쓰기에 흥미를 붙이기 어렵다. 글쓰기 활동에 몰입해야 비로소 의미 있는 언어 사용 경험을 쌓을 수 있기 때문이다. 글쓰기를 과도한 부담으로 생각하지 말고 즐거운 창작의 과정으로 받아들일 필요가 있다. 수업에 적극 참여하여 자신의 학습 과정을 수시로 점검하고, 수업 활동을 창의적으로 주도하며, 수업에 임하는 동기를 스스로 부여할 때 글쓰기 수업의 효과를 극대화할 수 있다. 글쓰기 수업에서는 자신의 경험과 생각을 성찰하고, 동료와 피드백을 주고받는 상호 소통을 통해 인성을 기르며, 글쓰기가 자신의 내면에 자리잡도록 해야 한다. 아울러 글쓰기의 준비와 수행 과정에서 자신이 어떤 기능이나 전략을 사용했고 어떤 어려움을 겪었는지를 돌아보는 메타인지적 성찰도 필요하다. 글쓰기 학습에서는 지엽적인 지식이나 세부적인 기술에만 매몰되지 말고, 한 편의 글을 처음부터 끝까지 완성해 보는 경험에 주력하면서 실제 삶과 관련된 언어 활동을 수행하는 것이 바람직하다.

4) 글쓰기의 윤리

글쓰기는 단순히 머릿속 생각을 문자로 옮기는 기술적 행위가 아니다. 글쓰기는 철저히 사회적 행위이며, 타인과의 소통을 전제로 하는 지적인 활동이다. 글을 쓰는 순간 글쓴이는 자신이 속한 사회와 관계를 맺고, 자신의 생각을 타인에게 제시하며, 이를 통해 사회적 영향까지 미치게 된다. 이러한 점에서 글쓰기에는 필연적으로 윤리적 책임이 따른다. 글쓰기 윤리란 글을 쓰는 사람이 지켜야 할 도덕적 기준이자 사회적 약속을 의미한다. 이는 단순히 "표절을 하지 말자"는 원칙을 넘어, 타인의 생각을 존중하고 진실에 기반한 책임 있는 의사소통을 실천하는 태도 전반을 포함한다.

글쓰기 윤리의 기본은 정직성이다. 글을 쓴다는 것은 자신의 생각과 남의 생각을 명확히 구별하고, 자신이 인용하거나 참고한 부분은 그 출처를 밝히며, 사실에 기반하여 주장을 전개하는 것을 뜻한다. 글쓴이는 자신이 쓴 글의 내용과 주장에 대해 책임을 져야 하며, 근거 없는 거짓이나 왜곡된 정보를 전달해서는 안 된다.

대학생들은 글쓰기 교육 과정을 통해 표절이 단순한 실수가 아니라 중대한 잘못임을 분명히 인식해야 한다. 대학에서의 글쓰기는 학문 공동체의 일원으로서 지식을 생산하고 공유하는 과정의 일부다. 따라서 학술적 글쓰기에서 요구되는 정직성은 지적 신뢰의 기반이 되며, 대학생들은 글쓰기 윤리를 반드시 준수해야 한다.

실제로 학술적인 글을 작성하는 과정에서 다른 사람의 글이나 연구 자료를 폭넓게 참고하는 일은 학문적 노력을 보여주는 긍정적인 행위다. 그러나 자신의 글에 타인의 문장이나 아이디어를 활용했다면 반드시 출처를 명시해야 한다. 학술 글쓰기에서 가장 문제가 되는 비윤리적 행위 중 하나가 바로 표절(plagiarism)이다. 표절이란 다른 사람의 생각, 문장, 아이디어, 연구 결과 등을 마치 자신의 것처럼 무단으로 사용하는 행위를 말한다. 이는 명백한 지적 재산권의 침해이자, 학문 공동체의 신뢰를 저버리는 심각한 비윤리적 행위로 간주된다. 표절은 고의적이든 실수로든 모두 문제이며, 인용 부호를 생략하거나 출처 표기를 하지 않는 등 사소한 부주의도 표절로 간주될 수 있다. 따라서 글을 쓸 때는 올바른 인용과 참고 방식을 지켜야 한다.

인용에는 직접 인용과 간접 인용이 있는데, 어떤 형태로든 인용 시에는 반드시 출처를 밝혀야 한다. 또한 자신의 주장을 강화하기 위해 타인의 글을 원래 맥락과 다르게 왜곡하여 인용해서는 안 된다. 인용은 내 글을 풍부하게 만들고 주장의 근거를 제공하는 수단이지, 남의 말을 내 입맛대로 바꾸어 쓰는 편법이 아니다.

글쓰기 윤리에서 또 하나 유념해야 할 점은 자기 표절이다. 자기 표절이란 이전에 자신이 쓴 글을 새로운 글에서 공개하지 않고 재사용하는 행위를 말한다. 예를 들어, 동일한 과목이나 다른 과목에서 이전에 제출했던 글을 그대로 다시 제출하거나, 과거에 작성한 보고서를 새 과제인 것처럼 재사용하는 행위는 모두 이에 해당한다. 비록 자신의 글이라 할지라도 이미 제출하거나 발표한 글을 다시 사용하는 것은 새로운 창작으로 볼 수 없기 때문에 학문적 부정행위로 간주된다. 따라서 새로운 글을 쓸 때마다 늘 신선한 시각에서 주제에 접근하고, 과거에 작성했던 글이나 자료가 필요할 경우에는 참고자료로 언급하는 것이 바람직하다.

아울러 글쓰기는 타인의 인격과 명예를 존중하는 방식으로 이루어져야 한다. 글은 생각을 전달하는 도구인 동시에 누군가에게는 상처를 주거나 사회적 갈등을 불러일으킬 수 있는 강력한 매체다. 그러므로 글을 쓸 때는 특정 개인이나 집단을 근거 없이 비난하거나, 차별과 편견을 조장하는 표현을 사용하지 않도록 각별히 주의해야 한다. 글쓰기는 어디까지나 논리적 설득을 위한 것이어야지, 감정적인 공격이나 혐오의 발산 수단이 되어서는 안 된다. 합리적인 근거를 제시하고 상대에 대한 존중의 태도를 견지하면서 자신의 의견을 펼치는 것이 글쓰기 윤리의 핵심이다.

나아가 글에 사용되는 정보의 신뢰성을 확보하는 것도 글쓰기 윤리의 중요한 부분이다. 인터넷과 SNS를 통해 수많은 정보가 범람하는 오늘날, 출처가 불분명하거나 검증되지 않은 내용을 무분별하게 인용하면 심각한 문제가 발생할 수 있다. 그러므로 글을 쓸 때에는 정보의 출처를 면밀히 확인하고, 될 수 있는 대로 신뢰할 수 있는 자료를 활용해야 한다. 특히 학술적 글쓰기에서는 논문, 공식 보고서, 학회지 등 공인된 자료에 근거하여 주장을 전개하는 습관을 갖춰야 한다.

결국 글쓰기 윤리란 단지 외부적인 규범을 지키는 차원을 넘어 자기 성찰의 과정이기도 하다. 글을 쓴다는 것은 내 생각을 타인 앞에 드러내 보이는 일이다. 따라서 글을 쓰는 과정에서 내가 어떤 가치관을 갖고 있으며, 내 주장이 타인에게 어떤 영향을 미칠 수 있는지를 끊임없이 점검해야 한다. 글쓰기 윤리는 글쓴이의 인격과 밀접한 관련이 있으며, 윤리적으로 글쓰기를 실천하는 사람은 신뢰받는 지식인으로 성장할 수 있다.

윤리적인 글쓰기는 대학 생활은 물론이고 앞으로 사회생활을 할 때도 필수적인 역량이다. 사회는 신뢰를 바탕으로 유지되며, 신뢰는 진실된 의사소통을 통해 형성된다. 글쓰기는 그런 신뢰를 형성하는 출발점이 된다. 따라서 대학 글쓰기 교육의 궁극적인 목표는 단순히 글을 잘 쓰는 기술을 익히는 것이 아니라, 진실하고 책임 있는 글쓰기 태도 즉 윤리적 글쓰기를 몸에 익히는 데 있다고 해도 과언이 아니다.

실제로 글쓰기 과정에서 다음과 같은 사항들을 수시로 점검해 봄으로써 윤리적인 글쓰기 태도를 기를 수 있다.

- **정직하게 썼는가?** 올바른 인용 방법을 사용하고 참고 자료의 출처를 정확하게 밝혔는가? 다른 사람의 생각이나 글을 무단으로 가져오지 않았는가? 인터넷 등에서 베껴 붙이는 짜깁기를 하지 않았는가?
- **진실하게, 사실대로 썼는가?** 내가 가진 생각과 경험이 글의 내용과 일치하는가? 현장 조사나 관찰, 실험의 과정과 결과를 사실대로 기록하고 서술했는가? 데이터를 올바르게 해석하고 활용했는가?
- **타인을 배려하며 썼는가?** 다른 사람을 근거 없이 비방하거나 모욕하는 내용을 담지 않았는가? 거짓이나 허위 사실을 쓰지 않았는가? 내 글이 특정 사람이나 집단에게 상처를 주거나 혐오를 조장하지는 않는가?

5) 좋은 글의 요건

중국 송나라의 유명한 문장가 구양수(歐陽修)는 "글을 잘 쓰려면 많이 읽고, 많이 쓰고, 많이 생각하라"고 역설했다. 이는 이른바 삼

다설(三多說)로, 좋은 글을 쓰는 데 왕도는 없으며 다독(多讀)·다작(多作)·다상량(多商量), 즉 폭넓게 읽고 꾸준히 쓰며 깊이 생각하는 과정을 거쳐야 한다는 뜻이다.

그렇다면 과연 좋은 글이란 무엇일까? 이 질문에 대한 답은 결코 간단하지 않다. 일반적으로 내용이 진실되고 주제가 선명하며, 읽기에 편안하고 이해하기 쉬운 글이라면 좋은 글이라고 할 수 있다. 다음에 제시하는 열두 가지 항목은 좋은 글의 요건으로 널리 언급되는 기준을 정리한 것으로, 김봉군(2002)의 『문장기술론』에서 제시된 내용을 바탕으로 구성하였다.

(1) 충실성

글은 우선 내용이 충실해야 한다. 쓸모 없이 길기만 하고 알맹이가 없는 글은 결코 좋은 글이 아니다. 전달할 내용이 빈약하다면 차라리 쓰지 않는 편이 낫다. "말할 내용이 없다면 쓰지 말라"는 말이 있듯이, 글쓰기에서는 무엇을 쓸 것인가가 어떻게 쓸 것인가 못지않게 중요하다. 내용과 표현 기교가 조화를 이룰 때 비로소 읽는 이의 마음을 사로잡는 글이 탄생한다. 내용이 빈약한데 기교만 화려한 글보다는, 표현이 조금 서투르더라도 내용이 알찬 글이 더 좋은 글이라 할 수 있다.

(2) 방법과 기교

적절한 글쓰기 기법과 표현상의 기교를 활용하는 것도 좋은 글의 필요조건이다. 예를 들어 어떤 개념을 설명할 때는 그 정의를 정확히 내리는 것이 중요하며, 복잡한 내용을 전달할 때는 분석이나 비교·대조의 방법을 쓰면 이해를 돕는다. 비유나 상징을 사용하면 생각의 깊이와 폭을 더할 수 있고, 열거와 예시, 반복, 인용 등의 방법은 글의 내용을 더욱 구체적으로 만든다. 이러한 다양한 표현상의 방법들을 통틀어 글의 기교라고 부른다. 내용이 충실하더라도 표현 방법이 부적절하면 독자에게 효율적으로 전달되지 않으므로, 상황에 맞는 기교를 잘 선택해야 한다.

(3) 정확성

맞춤법, 띄어쓰기, 구두점 등의 규범과 어법을 정확히 지키는 것은 좋은 글의 기본이다. 문장은 적합한 어휘를 사용하여 표준 문법과 어법에 맞게 써야 한다. 실제 언어 사용에는 절대적 규칙이 없고, 상황에 따라 어긋나 보이는 표현이 효과적일 수도 있다. 그러나 글쓰기 초보 단계에서는 우선 표준어와 문법 원칙에 맞춰 정확하게 쓰는 훈련을 쌓는 것이 중요하다.

(4) 경제성

최소한의 표현으로 최대의 효과를 거두는 경제성도 글쓰기의 요건 중 하나다. 필요한 말을 필요한 곳에 필요한 만큼만 사용하여 자신의 뜻을 전달하는 것이 글쓰기의 경제성이다. 불필요하게 장황하게 늘어놓으면 독자는 요점을 파악하기 어렵고 집중력을 잃기 쉽다. 중요한 것은 글의 분량이 길고 짧음이 아니라, 과도한 군더더기를 배제하고 꼭 필요한 말로만 주제를 전개했는가이다. “필요한 말을 필요한 곳에 필요한 만큼 하라”는 금언을 항상 명심해야 한다.

(5) 정직성

정직하게 쓰는 태도는 좋은 글의 필수 요건이다. 내가 쓴 글이 온전히 자신의 생각에서 나온 것인지, 아니면 남의 글이나 아이디어를 가져온 것인지 글쓴이는 분명히 밝혀야 한다. 다른 이의 문장이나 견해, 이론을 가져와 쓸 때는 반드시 그 출처를 표기해야 한다. 또한 사실, 통계, 예시 등의 자료를 인용했을 때도 마찬가지다. 글은 글쓴이의 인격과 양심을 비추는 거울이므로, 항상 정직하게 자신의 생각을 드러내는 글쓰기를 해야 한다.

(6) 성실성

자신만의 목소리로 정성을 다해 쓰는 것이 성실성이다. 글쓰기에 미숙하거나 자신감이 부족한 사람은 흔히 '이 주제에 대해 이렇게 써야 할 것 같다'고 여겨지는 내용만을 쓰려 하고, 정작 자신의 솔직한 생각과 느낌은 드러내지 않는 경향이 있다. 그 결과 마음에 없는 말을 꾸며내어 교양 있어 보이려고 하거나 과시욕에 빠진 설익은 글이 나오기도 한다. 훌륭한 글은 유식한 표현을 많이 동원했다고 해서 완성되는 것이 아니다. 오히려 다소 부족해 보일지라도 진솔함과 정성을 담아 자신의 생각을 솔직하게 드러낸 글이 좋은 글에 더 가깝다.

(7) 명료성

좋은 글은 의도가 분명하고 뜻이 선명하게 전달된다. 무슨 이야기를 하는지 알 수 없는 글이나, 문장의 의미가 흐릿한 글은 잘 쓴 글이라 할 수 없다. 특히 설명문이나 논설문의 경우 명료성이 매우 중요하다. 다만 명료하게 쓴다는 것이 지나치게 단순하게 쓴다는 뜻은 아니다. 글이 불명확해지는 흔한 원인으로는, 첫째로 서술이 지나치게 일반적이거나 추상적인 경우를 들 수 있다. 구체적인 정보 없이 두루뭉술하게 쓰면 독자는 의미를 파악하기 어렵다. 둘째로 문장의 구조나 글의 구성에 문제가 있는 경우다. 글은 문장과 문단이 유기적으로 연결되어 전체 뜻을 전달해야 하는데, 문단 구성에 혼선이 있으면 글의 뜻이 분명하게 드러나지 않는다.

(8) 일관성

글의 시점, 어조, 문체, 내용 등이 처음부터 끝까지 통일성을 지니는 것이 일관성이다. 글을 쓰는 도중에 시점이나 문체 등을 바꾸어야 할 때는, 독자가 자연스럽게 적응할 수 있도록 충분한 단서를 제공해야 한다. 또한 한 편의 글 안에서 문맥과 흐름의 일관성을 유지하는 것이 중요하다. 문장과 문단들이 논리적으로 밀접하게 연결되어 하나의 주제를 향해 나아가도록 글을 구성해야 한다.

(9) 완결성

한 편의 글은 글쓴이가 전달하려는 생각과 감정을 온전히 담아 완성되어야 한다. 글에는 주제나 중심 생각이 있고, 이를 뒷받침하는 내용이 마련되어야 한다. 이렇게 핵심 주제와 이를 보강하는 부분들이 갖춰질 때 하나의 글은 완결성을 지니게 된다. 완결성은 개별 문장 수준에서부터 문단, 그리고 글 전체에 이르기까지 적용되는 요건으로, 글의 시작과 끝이 유기적으로 연결되어 빠진 내용 없이 충실해야 한다.

(10) 독창성

새롭게 쓴 글에는 반드시 독창성, 즉 그 글만의 참신하고 독특한 매력이 있어야 한다. 글은 특정한 개인이 자신의 경험과 지식, 상상력을 바탕으로 창작하는 것이므로, 개성적인 시각이 묻어날 때 독창적인 글이 된다. 이는 문학 이론에서 말하는 '낯설게 하기'와 일맥상통한다. 독창성은 특별한 소재를 선택해야만 발휘되는 것은 아니다. 평범한 소재라도 그것을 바라보는 새로운 관점, 내용을 풀어가는 구성의 묘, 글쓴이 특유의 문체가 어우러지면 충분히 독창적인 글이 될 수 있다.

(11) 타당성

글은 맥락에 어울리게 적절하게 쓰여져야 한다. 이를 타당성이라고 한다. 글이 다루는 주제나 어조, 표현 방식이 글을 읽을 독자의 수준과 목적, 글의 형식에 부합해야 한다. 예를 들어 격식을 차려야 하는 공식 문서는 정중하고 객관적인 어조로 써야 하며, 어린이를 위한 글은 쉽고 친숙한 표현을 사용해야 한다. 논설문이나 학술논문처럼 설득과 주장이 중심이 되는 글에서는 그에 맞는 논리 전개와 근거 제시가 필요하다. 이처럼 글의 목적과 독자, 양식에 맞게 글을 쓰는 것이 타당성의 핵심이다.

(12) 자연스러움

자연스럽게 읽히는 글은 좋은 글의 중요한 조건이다. 자연스러움이란 글의 흐름이 매끈하고 거슬리는 표현이 없어 이해하기가 쉬운 상태를 말한다. 지나치게 어려운 말을 남발하거나 현학적인 문장을 쓰면 글이 부자연스럽게 느껴지고 독자는 거부감을 갖게 된다. 쉽게 말해 자연스러움이란 글에 가식이 없고 진실한 것을 의미한다. 억지로 멋진 문장을 만들려 하거나 사실이 아닌 내용을 꾸며내면, 그런 부자연스러움은 금세 드러나게 마련이다.

위에서 열거한 열두 가지 요소는 좋은 글을 판단하는 보편적인 기준으로 널리 거론된다. 특히 이 내용은 김봉군의 『문장기술론』에서 상세히 논의된 것을 정리한 것이다. 결국 좋은 글이란 그럴듯한 미사여구로 포장된 글이 아니라, 진실되고 성실한 내용을 담고 있으면서 명확하고 간결하게 표현된 글이다. 그런 글만이 독자에게 깊은 여운과 감동을 줄 수 있다. 이러한 요건들을 모두 만족하는 글을 쓰기란 쉬운 일이 아니지만, 특별한 지름길은 없는 법이다. 많이 읽고, 많이 쓰고, 많이 생각하는 꾸준한 연습을 통해 위의 원칙들이 몸에 배도록 한다면, 누구나 조금씩 더 나은 글쓰기에 도달할 수 있을 것이다.

6) 글을 잘 쓰려면

많은 학생들이 글쓰기를 어렵게 느끼며, “어떻게 하면 글을 잘 쓸 수 있는가?”라는 질문을 하곤 한다. 주위에서는 대개 “글은 많이 써보는 수밖에 없다”라는 조언을 하지만, 이것만으로는 막연하게 느껴질 때가 많다. 글쓰기가 어려운 이유를 차례로 짚어보고, 이러한 고정관념을 깨기 위한 몇 가지 방법을 제시하고자 한다.

우선 글쓰기에 대한 막연한 두려움을 없애려면 평소에 습관적으로 글을 써보는 경험을 쌓는 것이 좋다. 꼭 거창한 글이 아니어도 된다. 일상에서 겪는 일들을 보고 느낀 대로 간단히 메모해 보는 것으로 시작할 수 있다. 요즘은 노트가 아니더라도 휴대전화로 쉽게 메모를 할 수 있다. 예를 들어 하루에 한 번 사물에게 말 걸기를 시도해 보자. 아침에 길을 걷다 돌멩이에 발이 채였다면 속으로 돌멩이에게 말을 걸고 그 상황을 글로 적어 보는 것이다. "너, 아프지 않니?"라고 돌멩이에게 물었더니, 돌멩이가 "나를 발로 차서 깨웠잖아!" 혹은 "내 자리가 마음에 안 들었는데 덕분에 옮겨 가게 됐어, 고마워."하고 대답하는 식으로 상상해볼 수 있다. 물론 이러한 답은 실제 돌멩이의 소리가 아니라 글쓰는 사람이 만들어낸 이야기다. 이처럼 일상에서 마주치는 사물이나 사람, 상황에 대해 떠오르는 생각을 가볍게 적어보면 글쓰기 습관을 기르는 데 도움이 된다. 친구들과 메신저 대화를 하듯이, 별 부담 없이 재미있게 글을 주고받는 방식으로 글쓰기를 연습해 보는 것도 좋다.

글쓰기에 대한 부담을 줄이는 또 다른 방법은 생각이 떠오르는 대로 편안한 마음으로 써보는 것이다. 특별한 주제가 아니어도 상관없다. 막막하게 느껴진다면 간단한 문장 완성 연습부터 시작해 보자. 예를 들어 다음과 같이 제시된 주어 또는 문장의 시작 부분을 가지고 자유롭게 문장을 만들어 본다.

- 강아지가 ______________________________

- 휴대전화가 ______________________________

- 내 친구는 ______________________________

- 그녀(그)와 헤어지고 나서, ____________________

- 눈이 오는 날이면, ________________________

- 외딴 바닷가에 나 홀로 있었다. 그래서 ______________

조금 더 생각을 확장하여 글을 쓰고자 할 때는 문장을 이어가는 연습이 도움이 된다. 문장을 쓰다가 막히는 경우에는 "다시 말하면…", "특히…", "예를 들어…", "왜냐하면…"과 같은 연결어를 활용하여 내용을 구체적으로 펼쳐 나갈 수 있다. 다음에 제시한 문장들은 이러한 연습을 위한 예시로, 하나의 문장을 출발점으로 삼아 뒤의 내용을 덧붙여 글을 확장해 나갈 수 있다. 이렇게 생각나는 대로 문장을 이어 쓰는 과정을 통해 한 문장을 보다 풍부한 내용으로 발전시킬 수 있다.

- 높이 오른 새가 멀리 본다.

- 사랑에는 국경이 없다고 한다.

- 성형 수술은 필요하다.

- 체벌은 금지되어야 한다.

- 나는 대학 생활 동안 하고 싶은 일이 많다.

나아가 문장을 넘어 문단을 구성하는 연습 역시 중요하다. 효과적인 방법 중 하나는 문장을 “사실 + 의미(판단)”의 구조로 확장하는 것이다. 우선 일상에서 보고 느끼고 경험한 일 중 하나를 사실 그대로 진술해 본다. 예를 들어 “나는 늦잠을 자서 통학 버스를 타지 못했다.”라는 문장은 사실 정보를 전달한다. 사실 정보란 실제로 일어난 사건이나 보편적으로 인정되는 객관적 사실을 말한다. 그런 다음 그 사실에 대한 생각이나 판단을 이어 적어본다. 위 문장에 이어서 “수업 시간에 늦을 것 같아 마음이 불안해졌다.”라고 쓸 수 있다. 이 두 번째 문장은 앞의 사실에 대한 필자의 의미 정보(판단이나 감정)를 나타낸다. 이렇게 하면 “늦잠을 자서 버스를 놓쳤다”는 사실에 “지각할까 봐 불안했다”는 의미가 더해져, 보다 완결된 내용이 된다. 이처럼 문단은 사실 정보와 의미 정보가 반복되거나 결합되면서 전개된다. 다시 말해, 한 문단 안에서도 사실과 의견(의미)이 교차되며 글의 내용이 풍부해진다.

간단한 문장 쓰기가 조금 익숙해졌다면 문단 전체를 구성하는 단계로 나아갈 수 있다. 문단을 전개할 때 사실 정보와 의미 정보를 어떻게 배치하느냐에 따라 다양한 구성이 가능하다. 예를 들면 “사실 + 사실 + 사실”, “사실 + 사실 + 의견”, “의견 + 의견 + 사실 + 의견” 등의 형식으로 내용을 펼칠 수 있다. 다음에 제시하는 글은 이러한 구성 방식을 보여 주는 한 문단의 예시로, 각 문장이 문단 안에서 어떤 역할을 수행하는지를 중심으로 살펴볼 수 있다.

① 학생들은 글쓰기가 어렵다고 생각한다.

② 학생들이 '어떻게 하면 글을 잘 쓸 수 있는가'를 묻는다.

③ 이러한 물음에 대개는 많이 써보라고 답한다.

④ 이는 참으로 막연한 대답이다.

⑤ 학생들은 무엇을 어떻게 얼마만큼 쓰라는 것인가를 알 수 없다.

⑥ 그렇기에 학생들의 머릿속에는 글쓰기가 어렵다는 고정관념이 자리하고 있다.

위 문단은 '① 의견 + ② 사실 + ③ 사실 + ④ 의미 + ⑤ 사실 + ⑥ 의미'의 구조로 이루어져 있다. '학생들은 글쓰기가 어렵다고 생각한다.'라는 명제를 내세우고, 뒷받침 문장으로 이를 입증하고 있다. 즉 이 문단은 귀납추리로 주장과 근거 관계로 확장하였다고 할 수 있다.

앞에서 글쓰기를 가볍게 연습했다. 이제 좋은 글을 쓰기 위해 어떤 점을 고려해야 하는지 정리해 볼 필요가 있다. 좋은 글이란 첫째, 읽으면 알 수 있고, 읽을 맛이 나야 하며, 읽을 만한 가치가 있는 글을 말한다. 그러므로 좋은 글이란 작가의 동기와 의도에 맞도록 정확한 어휘로써 표현해야 한다. 글이 잘 쓰였느냐의 여부가 '무엇'을 '어떻게' 썼는가로 결정된다면, '무엇'이 강조되면서 '어떻게'를 소홀히 하거나 '어떻게'를 강조하면서 '무엇'을 소홀히 했을 때는 좋은 글의 필요충분조건을 만족할 수 없다.

먼저 좋지 않은 글이란 어떤 글인지를 정리할 필요가 있다. 무엇을 썼는지 알 수 없거나, 의미는 전달되지만 읽는 재미가 없는 글은 좋은 글이라고 할 수 없다. 또한 재미있고 멋지게 쓴 것처럼 보이지만 정작 마음에 와닿는 내용이 없는 글 역시 그렇다. 누구나 이미 알고 있는 내용을 그대로 옮겨 적은 글이나 사실이 아닌 내용을 담은 글도 좋은 글이 아니다. 더 나아가 자기 생각 없이 남의 생각이나 행동을 흉내 낸 글, 과제로 제시되어 마지못해 억지로 쓴 글 역시 진정성 있는 글이라 보기 어렵다. 아울러 글쓴이가 꼭 하고 싶은 말이 무엇인지 갈피를 잡기 어려운 글도 좋은 글의 요건을 충족하지 못한다.

좋은 글이란 그럴듯한 말들로 엮어진 미문(美文)을 뜻하는 것이 아니다. 진솔하고 성실한 사고의 내용과 사실성과 진정성을 담고 있고, 말이 아닌 글로서의 틀을 제대로 갖추고 있다면 좋은 글로서 조건을 갖추었다고 할 수 있다. 와트(Watt, William W.)는 「An American Rhetoric」에서 좋은 문장의 요건으로 내용성, 독창성, 정직성, 성실성, 명료성, 경제성, 정확성, 타당성, 일관성, 자연성 등을 들고 있다. 이를 간단히 요약해서 좋은 글이 갖춰야 할 조건을 살펴보자.

첫째, 내용의 충실성과 독창성을 갖추어야 한다. 글은 무엇보다도 내용이 충실해야 한다. "If you have nothing to say, don't say it."이라는 말처럼, 부질없이 긴 글을 써 놓았더라도 담긴 내용이 공허하거나 무의미하다면 그런 글은 쓸 필요가 없다. "In good writing the 'what' is as important as the 'how'."라는 말이 시사하듯, 글쓰기에서 '어떻게' 표현할 것인가에만 집중하다 보면 정작 '무엇'을 말할 것인가가 빈약해질 수 있다.

독창성이란 개인이 갖는 창의적 능력을 뜻한다. 글은 어느 특정한 개인이 쓰므로, 그 개인의 경험과 지식, 상상력이 그의 인성에 작용하여 표현되는 언어능력의 창의적 실현이다. 사물을 새롭게 본다는 관점의 독창성이 중요하다. 이를 위해 인생 체험을 목적으로 탐험가처럼 나서는 길이 있을 수 있고, 늘 보아 오던 세계에 새롭게 눈을 돌리는 방법도 있다. 독창성이란 이처럼 새로운 것의 제시, 곧 참신성을 향한 노력을 전제로 한다. 아무리 진부한 소재라 하더라도, 글을 쓰는 이의 관점에 따라 얼마든지 독창적인 내용으로 변용될 수 있다.

둘째, 정직성과 성실성을 갖추어야 한다. 정직성이란 자신의 독창적인 글인가, 남이 쓴 글의 일부인가, 개념의 인용인가를 분명히 밝히는 태도를 말한다. 솔직하게 자신의 생각으로 허심탄회하게 쓰면 된다. 이것은 현란한 수식어와 다변으로 자신을 드러내는 사람보다 더듬거리는 눌변으로 자신을 겸허하고 정직하게 전달하는 사람에게 더 호감이 가는 것과 다를 바 없다. 또한 남의 생각이나 글을 아무런 인용 표시도 없이 옮겨 오는 것은 정직성을 해치는 일이다.

성실성이란 자기다운 글을 정성스럽게 쓰는 태도를 뜻한다. 마음에도 없는 내용을 늘어놓거나, 자신의 글이 아닌 설익은 문장으로 교양있어 보이고 유식하며 사려 깊은 사람인 듯 과시하는 경우도 있다. 그러나 유식함을 드러내는 것보다 중요한 것은 정성을 기울여 문장을 짓는 일이다. 수사의 기교에만 치중하면 내용이 허술해져 내허외화(內虛外華)한 글이 되기 쉽고, 반대로 내용에만 집착하면 수사의 묘가 결여되어 읽는 흥미를 잃기 쉽다. 그러므로 내용과 형식, 사상과 기교는 서로 대립되는 것이 아니라 둘이면서 동시에 하나라고 할 수 있다.

셋째, 명료성과 경제성을 갖추어야 한다. 명료성이란 '글이 지닌 의미의 선명함'을 말한다. 무엇을 쓰고 있는가를 분명히 알 수 있도록 쓴 글이라야 잘 쓴 문장이다. 어느 문장이 불명료한 까닭은 다음의 두 가지로 요약된다. 하나는 서술의 특수화나 구체화가 이루어지지 않은 까닭이다. 일반적 추상적인 이야기만 나열해서는 무엇을 말하는지 이해하기가 어렵게 된다. 다른 하나는 잘못된 문장 구성에 그 까닭이 있다. 문장의 단위는 문이고, 문의 통일성 있는 집합이 문단이며, 문단의 통일된 집합이 하나의 완성된 글이다. 문과 문단이라는 부분은 전체와 유기적 관계를 갖고 있어야 한다.

최소한의 노력으로 최대한의 효과를 얻고자 하는 경제의 원리는 문장에도 적용된다. 필요한 자리에서 필요한 만큼의 말만 쓰는 것이 문장의 경제성이다. '필요한 말을 필요한 곳에서 필요한 만큼 하라'는 것은 일상 대화나 문장에 다 소용되는 금언이다. 그러나 필요한 서술과 수식, 효과 있는 반복 등에 인색한 것과 경제성은 별개의 문제다. 문장은 필요한 말을 필요한 만큼 부려 써서 필요한 만큼의 길이로 끝나야 한다.

넷째, 정확성과 타당성을 갖추어야 한다. 정확성이란 글을 적절한 어휘로 사용하고, 어법과 기타 부대 조건에 맞게 쓰는 것을 말한다. 이를 위해 맞춤법, 표준 어법, 띄어쓰기, 구두점 사용 등을 정확히 익혀 문장을 써야 한다. 미국의 한 작가 겸 교수가 글쓰기 교과목에서 철자 하나를 잘못 썼다는 이유로 C학점을 준 사례가 전해지기도 한다. 이는 지나치게 가혹한 처벌이라기보다, 문장을 정확하게 쓰는 일이 얼마나 중요한지를 강조한 것으로 이해할 수 있다. 결국 이는 기본적인 질서에 대한 훈련에 익숙한 사람만이 진정한 자유를 누릴 수 있다는 말과도 통한다.

타당성이란 문맥상으로 문장이 시점, 독자, 목적 등의 기준에 맞게 써야 함을 말한다. 시점은 작중화자의 인칭을 표준으로 한다. 소설에서 시점은 가장 두드러지나, 담화문이나 논설문에서도 시점은 역시 중요하다. 누가 읽게 될 것인가는 글을 쓰는 이의 주요 관심사다. 전달의 문장이면 독자를 철저히 고려해야 한다. 동창회 소집의 글, 조사나 추도사, 어린이를 독자로 하는 글, 불특정 다수를 독자로 하는 글 등은 각각의 독자의 타당성을 배려해야 한다. 그리고 글을 쓰는 목적에 따라 서술의 양식이 다르다. 글을 쓰는 목적에 따라 설명, 논증, 서사, 묘사 등 양식이 달라진다. 그 나름의 다른 기법이 요구된다.

다섯째, 일관성과 자연성을 갖추어야 한다. 일관성은 글의 시점, 난해도, 형식적 요건(어조, 문체, 내용 등)이 일률적인 것을 뜻한다. 글의 중도에서 이를 변화시킬 필요가 있으며, 독자가 마음의 자세를 가다듬을 여유를 갖도록 하는 등 글을 쓰는 이는 신중을 기해야 한다. 또한 일관성은 단락을 이루는 여러 문들이 긴밀한 결합력을 갖고 있는 기본 성질을 뜻한다. 단락 내부의 문들은 한 단락을 지배하는 일정하고, 일관된 질서와 그에 맞는 논리성에 따라 유기적 관련을 가진 구조라야 하기 때문이다. 하나의 단락은 문의 무의미한 혼집이 아니라 문의 일관성 있는 집합이다.

글은 자연스러워야 한다. 자연스러움은 문장의 흐름이 순탄한 동시에 거슬리는 어구가 없어 이해하기에 순조로운 것을 뜻한다. 지나치게 기교를 부리거나 현학적인 냄새를 풍기려다가 부자연스러운 문장을 써내기 쉽다. '자연스러움'이란 '가식이 없음'을 말한다. 문장에서 억지로 꾸며 돋보이게 하려 할 때, 부자연스러워지며 오히려 진실성이 사라지게 된다. 영작문을 해서 미국인에게 보여주면 문법적으로 틀린 곳이 없는 데도 잘못된 문장임을 지적하는 경우가 있다. 그 까닭은 대개 문법적으로 틀린 것이 아니라 문장이 자연스럽지 않다는 것이다. 글을 잘 쓰려면 첫째, 내용을 충실하고 진솔하게 쓰자, 둘째, 생각과 느낌을 쓰자, 셋째, 체계와 기술을 논리적으로 쓰자, 넷째, 표현을 정확하고 참신하게 쓰자를 늘 머릿속에 두어야 한다.

글을 잘 쓰기 위해서 먼저 "내가 글을 잘못 쓰고 있지 않은가"하는 불안감을 버리고 짧은 글이라도 자기 생각을 글로 써보자. 글의 주제에 관해 주위 사람들과 미리 이야기해보고, 글을 쓸 때 자신이 잘 알고 있는 쉬운 부분부터 글쓰기를 시작하자. 글을 쓰기 힘든 이유가 무엇인지 하나씩 스스로 따져보자. 그리고 체험의 영역을 넓히고 다양한 글을 읽어서 깊이 생각하고 절실하게 느낀다면 더욱 글쓰기에 대한 자신감과 즐거움을 가질 수 있을 것이다.

특히 논리적인 글을 쓸 때는 목표를 잘 세워야 한다. 왜 글을 쓰는지, 무엇을 위해 쓰는지, 누가 읽을 것인지를 분명히 인식해야 한다. 글을 쓰기 전에 자료를 풍부하게 준비하고 분석하여 창의적으로 주제를 설정해야 한다. 개요를 작성하여 실제로 글을 쓸 때는 바른 문장을 쓸 수 있는 능력을 키우고, 글의 장르와 성격에 맞게 쓰는 법을 익혀야 한다. 글을 쓰면서 주제와 논점이 무엇인가를 점검해야 하며, 다 쓰고 나면 정성을 다해 글을 다듬어야 한다.

2. 글쓰기와 사고

1) 말하기와 글쓰기

언어는 사고의 소통 수단이면서 동시에 사고를 가능하게 해 주는 매개이다. 그래서 하이데거는 "언어는 사고의 집이다."라고 말했다. 언어가 없이는 사고가 존재할 수 없으며, 우리는 언어를 통해 세계를 이해하고 해석한다.

이와 관련된 대표적인 이론이 언어 상대성 가설이다. 이 가설은 "언어는 생각을 표현하는 도구일 뿐만 아니라, 생각을 형성하는 도구이기도 하다."는 전제 위에 세워져 있다. 즉, 인간은 객관적 세계를 그대로 인식하는 것이 아니라, 자신이 사용하는 언어의 구조와 개념을 통해 세계를 분해하고 해석한다는 것이다.

예를 들어, 에스키모어에는 눈이나 물개의 종류에 따라 세분화된 단어가 수십 개 존재한다. 또 어떤 언어는 무지개의 빛깔을 두 가지로 구분하지만, 다른 언어에서는 일곱 가지로 구분하기도 한다. 이는 우리가 세상을 인식하는 방식이 언어의 체계에 따라 달라질 수 있음을 보여준다.

물론 이러한 가설은 절대적이지 않다. 오스트레일리아 원주민의 언어에는 수 개념을 나타내는 말이 거의 없지만, 그들이 영어를 배울 때 수 개념을 이해하는 데 어려움이 없다는 점, 또한 한국어에는 성(性)을 구분하는 문법이 없지만 한국인이 성 구별에 둔감하지 않다는 점은 언어가 사고를 완전히 결정짓지 않는다는 반론의 근거가 된다. 그럼에도 불구하고 언어가 사고의 방식에 영향을 미친다는 사실만큼은 분명하다.

인간은 사고를 언어로 표현함으로써 타인과 소통한다. 이때 언어적 표현은 크게 말하기(speaking)와 글쓰기(writing)로 나뉜다. 두 활동은 모두 생각을 언어화하는 공통점을 지니지만, 표현 방식과 사고 과정의 깊이에서 뚜렷한 차이를 보인다.

말하기는 주로 순간적이고 현장적인 언어 활동이다. 상대의 반응에 따라 실시간으로 조정되며, 문장의 정확성보다는 의미 전달이 우선된다. 따라서 말은 다소 비체계적이거나 감정적일 수 있다. 예컨대 "그게... 그러니까, 약간 그런 느낌이었어요."라는 표현은 맥락과 표정, 몸짓 등의 비언어적 신호가 함께 작용하기에 의미가 전달된다.

반면, 글쓰기는 숙고와 정제의 언어활동이다. 시간의 제약이 없으므로 글쓴이는 자신의 생각을 반복적으로 검토하고 수정할 수 있다. 그 결과 생각은 더 논리적이고 체계적으로 다듬어진다. "그 일은 처음엔 두렵게 느껴졌지만, 시간이 지나며 새로운 배움의 기회로 다가왔다."와 같은 문장은 사고의 정제 과정을 보여준다.

말과 글은 모두 언어활동이지만 동일하지 않다. 말을 잘하는 사람이 반드시 글을 잘 쓰는 것은 아니며, 말은 서툴지만 글에서는 탁월한 표현력을 보이는 사람도 있다. 이는 말하기와 글쓰기가 서로 다른 인지적·표현적 구조를 갖고 있기 때문이다.

말하기는 음성과 표정, 몸짓, 억양 등 다양한 비언어적 단서를 통해 의미를 보완한다. 화자와 청자가 같은 상황을 공유하므로 불완전한 문장이나 모호한 표현도 의사소통에 큰 문제가 없다. 예컨대 전라도의 '거시기', 경상도의 '가'처럼 맥락과 표정으로 충분히 의미가 전달되는 표현들이 있다.

반면 글쓰기는 이러한 현장성을 잃는다. 글은 음성, 표정, 억양 없이 문자만으로 의미를 전달해야 한다. 따라서 독자와의 오해를 줄이기 위해서는 정확한 어휘, 명확한 문장 구조, 논리적 연결이 필수적이다. 또한 독자가 글을 읽는 시간과 장소는 필자와 다르므로, 글은 어느 상황에서도 이해될 수 있는 보편성과 객관성을 갖추어야 한다.

이 점에서 글쓰기는 말하기보다 훨씬 더 높은 수준의 사고를 요구한다. 글을 쓴다는 것은 단순히 말을 옮겨 적는 것이 아니라, 사고를 시각화하고 논리적으로 배열하는 작업이기 때문이다. 글을 쓰며 우리는 문장의 순서를 검토하고, 문단 간의 논리적 연결을 확인하며, 전체 구조의 일관성을 점검한다. 이러한 과정을 통해 글쓰기는 비판적 사고력과 논리적 표현력을 함께 성장시킨다.

또한 글은 지속성을 가진다. 말은 한순간에 사라지지만, 글은 기록되어 오랫동안 남는다. 따라서 글은 시간과 공간을 넘어 더 많은 사람에게 영향을 미친다. 잘못된 말은 즉석에서 정정할 수 있지만, 한 번 쓰인 글은 쉽게 회수할 수 없고 오랜 시간 필자에게 책임으로 남는다. 이 때문에 글쓰기는 말하기보다 더 신중하고 정밀해야 한다.

결국 말하기가 현장적이고 순간적인 소통이라면, 글쓰기는 시간과 공간을 초월한 사유의 기록이다. 글쓰기는 단순한 의사소통의 수단을 넘어, 사고를 정제하고 구조화하며 보편적 의미로 확장하는 인지적 행위이다. 따라서 글을 쓴다는 것은 단지 표현의 행위가 아니라 생각을 체계적으로 조직하고, 자신만의 언어로 세계를 해석하는 과정이라 할 수 있다.

2) 창의적 사고와 글쓰기

창의적 사고는 새로운 것을 만들어 내는 능력이다. 단순히 기발한 생각을 떠올리는 것이 아니라, 기존의 지식과 경험을 새롭게 결합하여 의미 있는 결과를 창출하는 사고 과정이다. 글쓰기는 이러한 창의적 사고를 가장 직접적으로 표현하는 행위이며, 동시에 그것을 촉진하는 과정이기도 하다. 생각을 문장으로 옮기는 과정 속에서 우리는 이미 알고 있던 사실들을 재구성하고, 새로운 시각으로 세상을 바라보게 된다. 따라서 글쓰기는 사고의 결과인 동시에 사고를 확장시키는 과정이라 할 수 있다.

창의적 사고(creative thinking)는 흔히 '틀을 깨는 생각'으로 설명된다. 이는 기존의 사고방식이나 관습에서 벗어나, 사물과 현상을 새로운 관점에서 바라보는 사고의 전환을 의미한다. 그러나 창의적 사고의 본질은 단순한 '새로움' 그 자체가 아니라, 새로움이 맥락 속에서 의미를 갖도록 만드는 데 있다. 즉, 창의성은 무(無)에서 갑자기 생겨나는 것이 아니라, 기존의 지식과 경험을 토대로 새로운 관계와 조합을 발견하는 능력에서 비롯된다. 이 때문에 창의적 사고는 사실과 논리를 떠난 자유로운 상상이 아니라, 근거 있는 상상력과 유연한 사고의 결과라고 할 수 있다.

글쓰기는 창의적 사고를 표현하는 동시에 그 사고를 발전시키는 장이다. 글을 쓰다 보면 처음에는 막연했던 생각이 점차 구체화되고, 새로운 연결이나 통찰이 생겨난다. 이처럼 글쓰기는 단순한 기록이 아니라 창의적 사고를 촉진하는 도구이다. 같은 주제를 다루더라도 한 사람은 사실의 나열에 그치고, 다른 사람은 그 속에서 의미의 관계를 찾아 새로운 해석을 제시한다. 이 차이를 만들어 내는 힘이 바로 창의적 사고이다. 따라서 글쓰기에서 창의성이란 단순한 기발함이 아니라, 자신의 경험과 관점을 바탕으로 새롭게 해석하고 재구성하는 능력이라 할 수 있다.

창의적 사고를 구성하는 기본적인 요소에는 관찰력, 유연성, 확산적 사고, 통합적 사고가 있다. 먼저 관찰력은 사물이나 현상을 있는 그대로 보지 않고 다르게 보는 힘이다. 익숙한 대상 속에서 새로운 면을 발견하는 예리한 시선이 창의성의 출발점이 된다. 다음으로 유연성은 고정된 사고방식에서 벗어나 사고의 방향을 자유롭게 전환하는 능력이다. 한 가지 문제를 다양한 시각에서 바라보게 하며, 사고의 폭을 넓힌다. 확산적 사고는 한 가지 생각에서 여러 가능성을 확장하는 능력으로, '왜?', '만약에?'와 같은 질문을 통해 새로운 연결을 시도하게 한다. 마지막으로 통합적 사고는 흩어진 아이디어들을 하나의 의미 있는 구조로 엮어내는 힘으로, 글의 전체적 완성도와 설득력을 높인다.

창의적 사고를 기반으로 한 글은 일상적인 소재에서도 새로운 의미를 발견하게 한다. 예를 들어 '봄'이라는 주제를 단순히 계절의 변화로만 설명하지 않고, "봄은 멈춰 있던 삶이 다시 움직이기 시작하는 시간이다."라고 표현할 때, 이는 감성적 경험과 사유가 결합된 창의적 표현이라 할 수 있다. 또 "밤은 하루의 끝이 아니라 내일을 준비하는 조용한 시작이다."라는 문장은 평범한 대상을 새로운 시각으로 재해석한 예이다. 이처럼 창의적 글쓰기는 특별한 소재보다 평범한 것에 대한 새로운 시선에서 출발한다.

창의적 글쓰기를 위해서는 사고를 훈련할 필요가 있다. 익숙한 대상을 다르게 보거나, 당연하게 여겨온 사실에 '왜?'라는 질문을 던지는 연습이 필요하다. 서로 관련 없어 보이는 두 가지 개념을 연결해 보는 것도 도움이 된다. 예를 들어 '시간'과 '그림자', '기억'과 '향기'처럼 상관없어 보이는 개념을 결합하면 새로운 이미지나 이야기가 만들어질 수 있다. 또한 사물에 감정을 이입해 보는 것도 좋은 방법이다. 사물이나 자연에 인간의 정서를 대입함으로써 공감적이고 상징적인 글을 완성할 수 있다.

창의적 사고는 타고나는 것이 아니라 훈련을 통해 길러지는 능력이다. 글을 쓰는 과정 속에서 우리는 자신이 미처 인식하지 못했던 연결을 발견하고, 그 속에서 새로운 의미를 만들어 간다. 결국 창의적 글쓰기는 새로운 생각을 표현하는 일이 아니라, 글을 쓰는 과정에서 새로운 생각을 길러내는 일이다. 글쓰기를 통해 우리는 생각의 틀을 넓히고, 세상을 새롭게 바라보는 힘을 키운다. 따라서 창의적 사고와 글쓰기는 서로를 확장시키는 관계에 있으며, 글쓰기를 꾸준히 실천할수록 사고는 더 유연해지고 풍요로워진다.

3) 체계적 사고와 글쓰기

글은 생각의 표현이며, 생각은 글을 통해 드러난다. 글을 잘 쓴다는 것은 단순히 문장을 매끄럽게 구성하는 기술이 아니라, 자신의 생각을 질서 있게 구성하고 논리적으로 전달하는 능력을 의미한다. 생각이 설득력을 가지려면 논리적이고 합리적이어야 하며, 이러한 사고는 글로 표현될 때 반드시 체계적인 형식을 필요로 한다. 산만한 생각은 난삽한 글로 표현될 수밖에 없고, 구조가 불분명한 글은 글쓴이의 사고가 정리되지 않았음을 드러낸다.

창의적 사고가 글의 발상과 아이디어를 만들어 내는 힘이라면,

체계적 사고는 그 아이디어를 논리적으로 조직하여 독자에게 설득력 있게 전달하는 능력이다. 글쓰기는 사고를 무질서하게 흘려보내는 과정이 아니라, 주제와 목적에 따라 사고를 구조화하고 질서 있게 배열하는 과정이다. 따라서 글의 완성도는 사고를 얼마나 논리적 순서에 따라 배열하고 조직했는가에 달려 있다.

체계적 사고는 논리적 글쓰기의 기초이며, 글의 설득력과 신뢰성을 높이는 핵심이다. 글이 논리적이라는 것은 문장과 문단, 문단과 글 전체가 긴밀하게 연결되어 있다는 뜻이다. 글의 내용이 일정한 관계와 순서 속에서 배열될 때 독자는 필자의 생각을 쉽게 따라갈 수 있다.

논리적 글쓰기를 위한 첫 단계는 사물이나 사건을 인과관계로 파악하는 것이다. 인과관계란 어떤 일이 단순히 시간적으로 먼저 일어났다는 것이 아니라, 앞선 사건이 뒤의 결과를 낳았다는 논리적 연관성을 의미한다. 예를 들어, "비가 왔기 때문에 길이 미끄럽다"는 인과관계의 진술이다. 원인과 결과를 구분하지 못하면 글의 논리적 전개가 흐트러지고 설득력이 떨어진다. 글쓰기는 탐정이 사건의 단서를 근거로 범인을 추론하듯, 원인과 결과의 관계를 정확히 인식하고 전개할 때 비로소 명확한 논리 구조를 갖추게 된다.

다음으로 체계적인 글을 쓰기 위해서는 크고 포괄적인 개념이나 주제를 작고 구체적인 요소로 구분할 수 있어야 한다. 이러한 사고 과정을 '분류적 사고'라고 하며, 복잡한 대상을 분석하여 핵심적인 하위 항목으로 조직하는 능력이다. 예를 들어 '대학생활의 자기관리'를 주제로 글을 쓸 때, '시간 관리', '학습 태도', '정서 조절' 등으로 세분화하면 글의 체계가 명확해진다. 단, 나누는 기준은 분명해야 하며, 혼란스러운 분류는 오히려 논리를 약화시킨다. 어떤 대상을 '어떻게 구성되었는가'에 따라 나누는 방식과 '어떻게 작동하는가'에 따라 구분하는 방식이 있으며, 글의 목적에 맞는 기준을 선택하는 것이 중요하다.

마지막으로 설득력 있는 글이 되기 위해서는 주장을 뒷받침할 논리적 근거가 반드시 필요하다. 아무리 좋은 생각이라도 이를 입증할 증거나 사례가 없다면 글은 신뢰성을 잃는다. 따라서 글을 쓸 때는 자신의 주장을 명확히 제시하고, 그 주장을 지지하는 이유와 근거를 논리적으로 제시해야 한다. 구체적인 사례, 통계 자료, 경험, 인용 등은 모두 설득력을 강화하는 자료이다. 근거를 제시하는 글쓰기는 단순한 감상이 아닌 논증의 글로 나아가게 하며, 체계적 사고의 핵심적 단계이다.

체계적 사고는 글의 구성 원리와도 맞닿아 있다. 글의 논리적 구조는 통일성(unity), 일관성(coherence), 강조성(emphasis)의 세 원리로 요약할 수 있다.

먼저 통일성은 글이 하나의 중심 주제에 집중하는 원리이다. 주제와 무관한 내용은 글의 방향을 흐리고 독자의 이해를 방해한다. 일관성은 문장과 단락이 논리적으로 자연스럽게 연결되는 것을 뜻한다. 접속어나 지시어를 적절히 사용하면 글의 흐름이 매끄러워지고, 독자는 사고의 전개를 쉽게 따라갈 수 있다. 강조성은 중요한 내용을 글의 핵심 위치에 배치하거나 반복, 예시 등을 통해 드러내는 원리이다. 글의 주제문, 결론부, 단락의 첫머리 등에서 핵심을 분명히 하는 것이 효과적이다.

또한 체계적 사고는 글의 구성뿐 아니라 사고 과정을 정리하는 훈련이기도 하다. 글을 쓸 때는 서론-본론-결론의 기본 구조를 바탕으로 개요를 작성하고, 각 문단의 중심 생각을 도식화해보는 것이 좋다. 문단 간의 관계를 점검하고, 불필요한 반복이나 논리적 비약이 없는지 확인하는 습관은 사고의 질서를 세우는 데 도움이 된다.

결국 글쓰기의 과정은 사고의 질서를 세우는 과정이다. 글을 쓰면서 우리는 자신의 생각을 논리적으로 점검하고, 불필요한 내용을 덜어내며, 설득력 있게 구성하는 법을 배운다. 창의적 사고가 글의 내용에 생명력을 부여한다면, 체계적 사고는 그 생명력을 구조화하고 완성시키는 역할을 한다. 창의성만으로는 글이 산만해지고, 체계성만으로는 글이 건조해진다. 좋은 글은 자유로운 발상 위에 논리적 구조를 갖춘 글이며, 생각을 자유롭게 펼치되 그것을 질서 있게 배열할 때 비로소 설득력과 완성도를 모두 갖추게 된다.

3. 글쓰기의 유형과 기능

글쓰기는 사고를 언어로 표현하는 행위이며, 그 목적과 상황에 따라 다양한 형태로 나타난다. 어떤 글은 감정을 전달하고, 어떤 글은 사실을 설명하며, 또 어떤 글은 주장을 논리적으로 전개한다. 즉, 글은 쓰는 목적과 독자, 내용에 따라 서로 다른 구조와 표현 방식을 갖게 된다. 이처럼 글쓰기의 유형과 기능을 이해하는 것은 단순히 글의 형식을 아는 것을 넘어, 자신의 생각을 어떤 방식으로 표현하고 어떤 효과를 기대할 것인가를 결정하는 일이다. 글의 유형과 기능을 구분하는 일은 글쓰기의 기초를 다지는 데 매우 중요하다. 글의 구조와 목적을 이해해야만 자신의 의도를 효과적으로 전달할 수 있으며, 글을 읽는 독자 또한 그 의미를 정확히 파악할 수 있기 때문이다.

1) 글쓰기의 유형

글의 유형은 표현의 목적과 방식에 따라 구분된다. 글을 쓰는 목적이 다르면 내용 구성, 문체, 어휘 선택이 달라지고, 전달하려는 효과 역시 달라진다. 일반적으로 글의 표현 방식은 묘사, 서사, 설명, 논설의 네 가지로 나누어지며, 이들은 각각 다른 사고 구조와 언어적 특징을 가진다. 그러나 현실의 글쓰기에서는 이 네 가지가 분리되어 나타나지 않고, 한 글 안에서도 서로 결합되어 나타나는 경우가 많다.

(1) 묘사

묘사는 사물이나 인물, 공간, 상황 등을 감각적으로 구체화하여 독자가 눈앞에 그 장면을 떠올릴 수 있도록 표현하는 글쓰기 방식이다. 설명이 사실을 이해시키는 데 목적이 있다면, 묘사는 대상을 '보여 주는(showing)' 방식으로 그려내어 독자의 감각과 정서를 자극한다. 따라서 묘사는 단순히 외형을 나열하는 것이 아니라, 대상을 관찰하고 해석하여 그 인상과 분위기를 언어로 재현하는 행위이다.

묘사의 중심에는 '지배 인상(dominant impression)'이 있다. 지배 인상이란 글 전체를 통해 독자에게 전달하려는 중심적인 느낌이나 분위기를 말한다. 예를 들어 고요함, 긴장감, 따뜻함과 같은 감정적 인상이 여기에 해당한다. 글쓴이는 이 인상을 명확히 한 뒤, 이에 맞는 세부와 어휘를 선택해야 한다. 효과적인 묘사는 독자가 실제로 보고 듣고 느끼는 것처럼 생생한 심상을 떠올리게 한다.

묘사는 목적에 따라 설명적 묘사와 암시적 묘사로 구분된다. 설명적 묘사는 사물의 형태, 구조, 위치, 색상 등 객관적 정보를 사실적으로 전달하는 데 중점을 둔다. 반면 암시적 묘사는 정서나 분위기를 중심으로 하여 대상을 주관적으로 표현하며, 비유나 상징 등의 수사적 표현을 적극적으로 활용한다. 실용문이나 보고서에서는 설명적 묘사가 주로 사용되고, 문학적 글쓰기에서는 암시적 묘사가 많이 활용된다.

묘사는 또한 관찰의 시점과 배열의 질서가 중요하다. 시점은 글쓴이가 대상을 바라보는 위치와 거리, 즉 관찰의 각도를 의미한다. 시점이 자주 바뀌면 독자의 시선이 혼란스러워지므로 일관성을 유지해야 한다. 배열의 질서란 대상을 서술하는 순서를 말하는데, 일반적으로 위에서 아래로, 전체에서 부분으로, 중심에서 주변으로 기술하는 방식이 많이 사용된다. 이러한 질서가 있을 때 독자는 장면을 논리적으로 이해할 수 있다.

묘사에서는 구체적이고 정확한 언어 사용이 필수적이다. '예쁘다', '좋다'와 같은 추상적인 형용사보다는 구체적인 명사와 동사를 사용해야 생생함이 살아난다. 또한 시각뿐 아니라 청각, 후각, 촉각, 미각 등 다양한 감각어를 함께 활용하면 묘사의 깊이가 더해진다. 다만 형용사나 비유 표현을 과도하게 사용하면 글의 밀도가 떨어질 수 있으므로 절제된 표현이 필요하다.

묘사를 잘하기 위해서는 우선 대상을 세심하게 관찰하는 능력이 필요하다. 그다음 관찰한 내용을 단순히 나열하지 않고, 중심 인상을 기준으로 필요한 세부만을 선택하여 질서 있게 배열해야 한다. 마지막으로 언어적 표현 단계에서는 문장의 길이와 리듬, 어조를 조절하여 글 전체의 조화를 유지해야 한다. 이러한 과정을 거쳐야 독자에게 명확하고 생동감 있는 인상을 줄 수 있다.

요약하면 묘사는 단순히 대상을 '보는' 것이 아니라, 관찰을 통해 얻은 인식과 느낌을 언어로 재구성하는 과정이다. 효과적인 묘사는 사실적 정확성과 정서적 표현이 조화를 이루며, 독자가 글을 읽는 동안 장면을 눈앞에서 직접 경험하는 듯한 몰입감을 제공한다.

(2) 서사

서사는 시간의 흐름 속에서 사건이 전개되는 과정을 서술하는 글쓰기 방식이다. 다시 말해, 서사는 '무엇이 일어났는가' 혹은 '누가 어떤 일을 하였는가'에 대한 대답으로서, 사건의 경과를 중심으로 구성된다. 묘사가 정지된 장면이나 인상을 공간적으로 그려내는 글쓰기라면, 서사는 시간의 경과에 따른 변화와 움직임을 다루는 글쓰기이다. 따라서 서사는 사건의 인과관계와 시간적 연속성을 통해 의미를 형성한다.

서사는 단순히 사건을 나열하는 것이 아니라, '의미 있는 사건'을 시간적 전개 속에서 보여주는 글쓰기이다. 일상에서도 많은 사건이 발생하지만, 서사가 되기 위해서는 그 사건이 보편적 관심과 의미를 지녀야 한다. 다시 말해, 서사는 시간의 흐름 속에서 일어난 사건이 인간의 삶과 가치에 어떤 영향을 미쳤는가를 보여주는 서술 양식이다.

서사를 구성하는 핵심 요소는 움직임, 시간, 의미이다. 첫째, 움직임은 서사의 가장 기본적인 속성이다. 묘사가 고정된 순간을 제시한다면, 서사는 움직이는 대상을 통해 변화와 과정을 보여준다. 독자는 사건이 '어떻게 일어났는가'를 따라가면서 이야기의 전개를 이해하게 된다. 둘째, 시간은 사건이 발생하고 변화하는 순서를 결정한다. 서사에서 시간은 단순히 흘러가는 물리적 시간이 아니라, 사건이 인과적으로 연결되는 논리적 시간이다. 이러한 시간은 순행형으로 진행되기도 하고, 회상이나 예고를 통해 역행하거나 교차하기도 한다. 중요한 것은 각각의 사건이 시간적 질서 안에서 완결된 의미를 지닌다는 점이다. 셋째, 의미는 서사의 중심 축이다. 사건은 단순한 사실의 나열이 아니라, 인간의 경험과 가치가 드러나는 의미 있는 변화여야 한다. 다시 말해, 서사는 '무엇이 일어났는가'보다 '왜, 어떻게 일어났는가'를 통해 의미를 부여한다.

서사는 인물, 사건, 배경이라는 세 가지 구성 요소를 중심으로 전개된다. 인물은 이야기의 중심이 되는 존재로, 사건의 원인과 결과를 만들어내는 주체이다. 인물의 성격이나 행동, 동기, 심리 변화는 서사의 의미를 이끄는 핵심이다. 사건은 인물의 행동과 그로 인한 변화의 과정이다. 모든 사건을 나열하기보다 중심 사건과 주변 사건을 구분하고, 인과적 관계에 따라 배열해야 한다. 배경은 사건이 일어나는 시간과 공간, 사회적 상황 등을 포함한다. 배경은 단순한 무대가 아니라 인물의 심리나 사건의 의미를 강화하는 요소로 기능한다.

서사문은 보통 '발단-전개-절정-결말'의 구조를 따른다. 발단에서 상황이 제시되고, 전개에서 갈등이 심화되며, 절정에서 사건이 최고조에 달하고, 결말에서 갈등이 해소된다. 이러한 구조는 사건 간의 인과 관계를 명확히 하며, 이야기의 완결성을 높인다.

또한 서사에는 시점이 중요하다. 시점은 '누가 이야기하고 있는가', 그리고 '그 화자가 사건에 얼마나 관여하고 있는가'를 결정한다. 1인칭 시점은 화자의 내면을 생생하게 드러낼 수 있으나, 주관적 한계가 있다. 반면 3인칭 시점은 객관적인 설명이 가능하며, 기사문이나 보고서처럼 사실성을 강조해야 하는 글에서 적합하다. 문학 작품에서는 시점을 활용하여 독자의 시각과 감정을 조절하기도 한다.

서사문을 쓸 때는 육하원칙(언제, 어디서, 누가, 무엇을, 어떻게, 왜)에 따라 사건의 경위와 인과 관계를 분명히 해야 한다. 시간의 흐름에 따른 질서 정연한 배열, 인물의 동기와 행동의 일관성, 배경과 사건의 조화로운 결합이 이루어질 때, 글은 생동감 있고 설득력 있는 서사가 된다.

서사는 기사문, 보고서, 자서전, 회고록, 역사 서술, 소설, 서사시, 희곡, 동화, 전기 등 다양한 글 형태로 나타난다. 이러한 글들은 모두 의미 있는 사건의 전개를 시간의 연속 속에서 보여주는 공통된 특징을 지닌다.

요약하자면, 서사는 시간 속에서 사건이 전개되는 과정을 통해 인간의 경험과 의미를 구성하는 글쓰기이다. 움직임과 변화, 인과 관계를 통해 이야기를 만들어 가는 서사는 단순한 사실의 기록을 넘어, 인간 삶의 본질을 탐구하고 전달하는 글쓰기의 한 형식이라고 할 수 있다.

(3) 설명

설명은 사물이나 개념, 현상, 원리, 절차 등에 관한 정보를 정확하고 체계적으로 이해시키는 글쓰기 방식이다. 독자가 '무엇인가', '왜 그런가', '어떻게 그런가'를 명확히 알 수 있도록 쓰는 글로, 사실적이고 객관적인 정보 전달을 목적으로 한다. 대학에서 이루어지는 강의나 보고서, 안내문, 설명문, 논문 서론의 일부는 대부분 이 설명의 방식으로 구성되어 있다.

설명문은 감정적인 표현보다는 이성적이고 논리적인 서술을 특징으로 하며, 독자가 이해하기 쉬운 구조를 갖추어야 한다. 이를 위해 필자는 주제에 대한 정확한 지식을 바탕으로, 감정을 배제하고, 독자의 수준과 목적을 고려한 구성을 해야 한다. 설명의 목적은 글쓴이의 주장을 드러내는 것이 아니라, 독자가 사실과 개념을 명확히 이해하도록 돕는 데 있다.

설명문은 전개 방식에 따라 여러 가지 설명의 방법으로 나눌 수 있다.

가장 보편적인 기술 방법은 지정으로, 어떤 사실이나 대상을 간단히 가리키거나 밝히는 것이다. 이것은 "무엇이냐?"하는 질문에 대한 해답의 형식을 띠고 나타나는 것으로 "저 건물은 63빌딩이다."와 같이 간단히 대상을 알려주는 방식이다.

정의는 어떤 사물이나 개념의 본질적인 의미를 밝혀주는 방식으로, "인간은 사고하는 동물이다."처럼 개념의 속성과 범위를 함께 제시한다. "사랑이란 무엇인가?". "우정이란 무엇인가?"에 대한 물음에 대답하는 것이 정의이다. 일반적으로 많은 단어들은 둘 이상의 의미를 가지고 이으므로 그 가운데 자기 글의 논지를 좀 더 정확히 드러낼 수 있는 정의를 택해 전개해야 한다.

비교와 대조는 둘 이상의 공통점과 차이점을 기술함으로써 각 대상의 특성을 설명하는 방식이다. 이는 설명하기 위한 대상을 이미 잘 알려진 사항과 견주어 비교하거나 대조하면서 글을 전개해 나가는 방식이다. 두 사물이 갖는 유사한 점이나 공통적인 면을 밝혀 설명하는 것을 비교라 하고, 차이점이나 구분되는 점을 들어 설명하는 것을 대조라 한다. “인문과학은 인간의 의미를 탐구하고, 자연과학은 자연의 원리를 탐구한다.”와 같은 문장은 두 대상을 대비하여 이해를 돕는다.

예시는 구체적인 사례를 통해 어떤 사실을 쉽게 풀이하는 방법이다. 설명하려는 대상이 추상적이거나 관념적일 경우, 적합한 예를 들어 예시의 방법으로 설명하는 것은 효과적이다. 예시를 통해 설명하면 흥미롭기도 하며 그 적용의 예를 보여주는 것까지 겸할 수 있다. “스트레스는 작은 자극에도 신체 반응이 나타나는 상태이다. 예를 들어, 발표 전 손에 땀이 나는 현상이 그 예이다.”와 같이 실제 사례를 덧붙이면 설명이 생생해진다.

구분과 분류는 대상을 성질이나 기준에 따라 나누거나 묶어 체계적으로 정리하는 방식이다. 여러 가지 대상 중에서 공통적인 성질에 따라 묶는 것을 분류라고 하고, 하나의 대상을 여러 가지 성질로 나누는 것을 구분이라 한다. “예술은 문학, 미술, 음악으로 나눌 수 있다.”는 구분의 예이며, “시, 소설, 수필은 모두 문학의 한 갈래이다.”는 분류의 예이다.

분석은 어떤 대상을 구성 요소로 나누어 각 부분의 상호 관계, 연관성, 기능, 의미를 밝히는 방식이다. "스마트폰은 화면, 배터리, 운영체제 등 여러 요소가 유기적으로 작동하는 전자기기이다."라는 문장이 분석의 예이다.

이러한 다양한 설명의 방법들은 하나만 사용하는 것이 아니라, 글의 목적에 따라 함께 활용된다. 요약하자면 좋은 설명문은 단순히 정보를 나열하는 데 그치지 않고, 독자의 이해를 이끌어내며 사고를 확장시킨다. 따라서 설명은 단순한 정보 전달이 아니라, 지식을 공유하고 사고를 발전시키는 합리적 소통의 글쓰기라 할 수 있다.

(4) 논설

논설은 글쓴이가 자신의 의견이나 주장을 논리적으로 제시하여 독자를 설득하는 글쓰기이다. 묘사가 '보여주는 글', 서사가 '이야기하는 글', 설명이 '이해시키는 글'이라면, 논설은 '설득하는 글'이라 할 수 있다. 논설문은 단순히 사실을 전달하거나 정보를 나열하는 데 그치지 않고, 글쓴이의 생각과 판단을 근거를 들어 합리적으로 증명함으로써 독자가 동의하도록 유도한다.

논설문은 주로 사회적 문제나 가치 판단이 필요한 주제를 다루며, 신문 사설·칼럼·비평문·논문 등에서 흔히 볼 수 있다. 이러한 글의 핵심은 논증이다. 논증이란 주장을 뒷받침하기 위한 논리적 과정으로, 주장의 타당성을 근거를 통해 증명하는 것을 말한다. 따라서 논설은 주장을 담은 글의 '형식'이고, 논증은 그 주장을 설득력 있게 만드는 '방법'이라 할 수 있다.

논설문은 일반적으로 서론–본론–결론의 구조로 전개된다. 서론에서는 문제를 제기하고 글쓴이의 입장을 명확히 밝힌다. 본론에서는 그 주장을 뒷받침할 근거와 자료, 인과관계, 비교·예시·통계 등 논리적 논증 방법을 제시한다. 결론에서는 핵심 주장을 다시 강조하거나, 새로운 제안과 함의를 덧붙인다. 이처럼 논리의 일관성을 유지해야 글의 설득력이 높아진다.

논설문을 구성하는 세 가지 핵심 요소는 주장, 근거, 논증이다. 먼저, 주장은 글쓴이가 독자에게 전달하고자 하는 핵심 의견으로 명확하고 구체적이어야 한다. 예를 들어 "대학은 단순한 취업기관이 아니라, 개인의 성장을 지원하는 배움의 장이 되어야 한다."와 같은 문장은 주장을 분명히 드러낸다. 둘째, 근거는 주장을 뒷받침하는 이유나 사실로, 통계·연구결과·전문가의 견해·구체적 사례 등 객관적 자료일수록 설득력이 높다. 셋째, 논증은 이러한 주장과 근거를 논리적으로 연결하는 과정으로, 연역법(일반에서 구체로), 귀납법(구체에서 일반으로), 인과 논증, 유비 논증 등의 다양한 방식이 활용된다.

논설문을 쓸 때에는 논리적 일관성과 객관성을 유지해야 한다. 감정적 표현이나 비논리적인 비약은 설득력을 떨어뜨린다. 또한 상대의 반론을 고려하고 이에 대한 합리적 대응을 제시함으로써 글쓴이의 주장이 더욱 신뢰성 있게 다가갈 수 있다. "일부에서는 A라고 주장하지만, 실제 통계는 B를 보여준다."와 같은 문장은 논증의 대표적인 예다.

좋은 논설문은 단순히 의견을 제시하는 데 그치지 않고, 비판적 사고력과 합리적 사고의 결과물로서 독자의 사고를 확장시킨다. 논설은 글쓴이의 논리적 사고력, 분석력, 표현력이 종합적으로 드러나는 글쓰기이며, 사회적 의사소통의 핵심 수단이다.

요약하자면, 논설은 사실을 바탕으로 한 주장과 근거의 논리적 결합을 통해 독자를 설득하는 글이다. 묘사가 보여주는 글, 서사가 이야기하는 글, 설명이 이해시키는 글이라면, 논설은 생각을 전하고 마음을 움직이는 설득의 글쓰기이다.

이 네 가지 글쓰기 유형은 독립적으로 존재하기보다 서로 결합되어 사용되는 경우가 많다. 예를 들어 자기소개서는 자신의 경험을 시간의 흐름에 따라 이야기하는 서사적 구조를 가지면서, 자신의 강점을 구체적으로 설명하고, 해당 분야에 적합함을 논리적으로 주장하는 논설의 성격을 함께 지닌다. 수필은 묘사와 설명, 논설을 자유롭게 넘나들며, 기사문은 설명과 논설을 함께 담는 경우가 흔하다.

즉, 글쓰기의 유형은 고정된 형식이 아니라 글의 목적과 상황에 따라 유연하게 조합되는 표현의 틀이다. 글을 쓴다는 것은 곧 무엇을, 왜, 어떤 방식으로 표현할지를 선택하는 행위이며, 이러한 선택은 글쓴이의 사고와 태도를 드러낸다. 따라서 글쓰기의 유형을 이해하는 일은 자신의 생각을 가장 효과적으로 전달할 수 있는 방향을 설정하는 첫 단계라 할 수 있다.

2) 글쓰기의 기능

글의 유형이 표현의 형식을 구분한다면, 글의 기능은 글이 수행하는 목적과 역할을 의미한다. 글쓰기는 단순히 문장을 구성하는 언어 활동이 아니라, 사고를 조직하고 감정을 표현하며 타인과 소통하는 인간의 근본적 행위이다. 따라서 글의 기능은 단순한 기술적 측면을 넘어 사고, 감정, 관계, 사회적 소통 등 다양한 차원에서 작용한다. 일반적으로 글의 기능은 표현 기능, 전달 기능, 설득 기능, 감동(또는 성찰) 기능으로 나누어 살펴볼 수 있다.

(1) 표현 기능

글쓰기는 자신의 생각과 감정을 언어로 표현하는 행위이다. 인간은 글을 통해 내면의 감정을 해소하고, 자신이 경험한 사건이나 생각을 정리하며, 세계를 인식한다. 글쓰기를 통해 자신이 느낀 것, 깨달은 것, 기억하고 싶은 것을 기록하면서 스스로의 정체성을 형성하게 된다.

표현 기능은 인간의 내면을 탐색하고 자기 자신을 이해하게 하는 중요한 과정이다. 감정을 표현하는 글쓰기를 통해 우리는 자신이 무엇을 느끼는지, 무엇을 중요하게 여기는지를 깨닫는다. 이러한 표현의 글은 단순히 감정의 배출이 아니라, 감정의 질서를 세우고 내면의 균형을 회복하는 행위이다.

이 기능은 주로 수필, 시, 자서전, 일기, 문학 작품 등에서 두드러진다. 수필은 일상의 경험을 통해 삶의 의미를 탐색하게 하고, 시는 내면의 정서를 응축된 언어로 표현한다. 문학 작품 또한 작가의 감정과 사유가 언어로 형상화된 결과물이다. 따라서 표현 기능은 인간의 감정과 사상을 언어로 드러내는 창조적 행위이자, 글쓴이가 자기 자신과 만나는 과정이라 할 수 있다.

표현 기능의 핵심은 진정성과 개성이다. 자신의 감정과 경험을 솔직하게 드러내되, 그것이 독자에게 공감으로 전달되도록 언어를 세련되게 다듬어야 한다. 글은 내면의 세계를 외부로 드러내는 통로이며, 표현의 글쓰기는 인간이 자신을 이해하고 타인과 감정적으로 연결되는 출발점이 된다.

(2) 전달 기능

글은 사실과 정보를 명확하게 전달하는 역할을 한다. 글을 통해 우리는 새로운 지식을 배우고, 세상에서 일어나는 일을 이해하며, 필요한 절차와 방법을 익힌다. 보고서, 기사문, 안내문, 설명문 등은 모두 독자가 사실이나 개념을 정확하게 이해하도록 돕는 글쓰기의 형태이다.

전달 기능에서 가장 중요한 것은 정확성, 객관성, 명료성, 간결성이다. 문장은 불필요하게 장황하지 않아야 하며, 독자가 동일한 정보를 받아들일 수 있도록 구조가 명확해야 한다. 감정적 표현이나 주관적 판단은 가급적 배제하고, 논리적 질서에 따라 사실을 배열해야 한다.

예를 들어 행정 문서, 업무 보고서, 학술 보고서, 보도자료, 이메일 등의 글은 모두 전달 기능이 중심이 된다. 이 기능이 잘 발휘된 글은 '무엇을', '왜', '어떻게' 전달하려는지를 명확히 한다. 정보가 정확해야 신뢰를 얻을 수 있고, 표현이 명료해야 독자가 쉽게 이해할 수 있다.

결국 전달의 글쓰기는 단순히 정보를 나열하는 것이 아니라, 사실을 체계적으로 구성하여 독자가 이해하고 활용할 수 있게 하는 지적 소통의 행위이다. 현대 사회의 커뮤니케이션 대부분은 이 전달 기능 위에서 이루어지며, 이는 학문적, 행정적, 사회적 영역에서 모두 중요한 글쓰기의 기본이다.

(3) 설득 기능

글은 단순히 정보를 전달하는 것을 넘어, 독자의 생각과 행동에 영향을 미치고 변화를 이끌어내는 수단이 된다. 이러한 기능이 바로 설득 기능이다. 설득적 글쓰기는 글쓴이의 주장이나 관점을 독자가 납득하도록 하는 것을 목표로 하며, 주로 논설문, 사설, 비평문, 제안서, 연설문 등에서 나타난다.

설득 기능의 핵심은 논리적 근거와 합리적 전개이다. 단순히 "이렇게 해야 한다"고 주장하는 것이 아니라, 왜 그렇게 생각하는지 명확한 이유를 제시해야 한다. 설득적 글쓰기는 주장을 제시(논제)하고, 그것을 뒷받침할 수 있는 근거를 구체적 자료나 사실, 예시로 제시한 뒤, 결론으로 타당성을 강화하는 구조를 가진다.

설득적 글쓰기에서는 이성과 감성의 균형이 중요하다. 논리적 근거만으로는 독자의 공감을 얻기 어렵고, 감정에만 호소하면 설득력이 떨어진다. 따라서 합리적 근거와 함께 인간적 공감을 불러일으키는 서술이 필요하다. 예를 들어 "환경 보호를 위해 플라스틱 사용을 줄여야 한다."는 주장만으로는 설득력이 부족하다. 그러나 "플라스틱은 미세플라스틱을 유발해 해양 생태계를 파괴하고 인체 건강에도 악영향을 준다."는 구체적 근거를 제시하면, 독자는 논리적으로 납득할 수 있다.

설득의 글쓰기는 단순히 개인의 주장을 드러내는 것이 아니라, 사회적 합의를 이끌어내는 의사소통의 과정이다. 글을 통해 사람들은 서로의 의견을 교환하고, 더 나은 방향으로 사고를 확장하며, 공동체적 판단을 만들어 간다.

(4) 감동 기능

글은 독자의 마음을 움직이고, 공감과 감동을 불러일으키는 힘을 가진다. 감동의 글쓰기는 인간의 정서와 상상력을 자극하며, 타인의 경험을 이해하고 마음의 변화를 이끌어낸다. 이 기능은 문학 작품, 서정적 수필, 연설문, 추모문, 에세이 등에서 강하게 드러난다.

감동 기능의 핵심은 단순한 미사여구나 화려한 표현이 아니라, 진정성 있는 경험과 깊은 통찰이다. 글쓴이가 진심을 담아 쓴 문장은 독자의 마음에 울림을 남긴다. 예를 들어, 시 한 편이 짧은 문장 안에서 독자의 마음을 흔드는 이유는 그 안에 인간적 진실과 삶의 체험이 담겨 있기 때문이다.

감동의 글은 또한 성찰의 글이기도 하다. 글을 쓰는 과정에서 글쓴이는 자신의 삶을 돌아보고, 경험 속에서 의미를 찾는다. 일기나 자서전, 성찰 보고서와 같은 글은 글쓴이 자신을 향한 질문이자 답변의 과정이다. 이러한 글쓰기는 자기 이해와 성장의 계기가 되며, 내면의 성숙을 이끌어낸다.

따라서 감동과 성찰의 글쓰기는 타인의 마음을 움직이는 동시에 자신의 내면을 확장시키는 인간적 행위이다. 진정한 감동은 독자와의 공감 속에서 완성되며, 그 공감은 결국 자기 성찰의 깊이에서 비롯된다.

이 네 가지 기능은 결코 독립적으로 존재하지 않는다. 하나의 글 안에서도 표현, 전달, 설득, 감동의 기능이 서로 결합되어 작용하며, 글의 목적과 상황에 따라 그 비중이 달라진다. 예를 들어 환경 보호를 주제로 한 글은 자연의 아름다움을 묘사하며 감동을 주고(감동 기능), 오염의 원인을 설명하며 정보를 전달하며(전달 기능), 환경 보호의 필요성을 논리적으로 주장하여 설득하기도 한다(설득 기능).

즉, 글쓰기의 기능은 고정된 틀이 아니라 글의 목적, 독자, 상황에 따라 유연하게 조합되는 표현의 구조이다. 글을 쓴다는 것은 자신이 무엇을, 왜, 어떻게 표현할지를 의도적으로 선택하는 행위이며, 글을 잘 쓴다는 것은 이러한 기능을 조화롭게 활용하는 능력을 의미한다.

지금까지 글쓰기의 유형과 기능을 살펴보았다. 유형이 글의 형식적 특징을 구분한다면, 기능은 글의 목적과 역할을 규정한다. 글을 쓴다는 것은 단지 문장을 만드는 기술이 아니라, 사고하고, 표현하고, 설득하며, 감동을 나누는 인간적 행위이다.

따라서 글쓰기의 유형과 기능을 이해하는 것은 글을 잘 쓰기 위한 기술을 배우는 단계를 넘어, 자신의 생각을 정돈하고 타인과 소통하며 사회 속에서 의미 있는 관계를 형성하는 힘을 기르는 일이다. 글을 쓴다는 것은 곧 자신과 세계를 이해하고 성장하는 과정이다. 이로써 글쓰기는 단순한 언어의 기술이 아니라, 인간이 세상과 연결되는 가장 근본적인 소통의 도구가 된다.

"

에듀컨텐츠·휴피아
ECH Educontents·Huepia

"

제2장 글쓰기의 기본

1. 글쓰기의 기본 단위

글쓰기는 곧 생각을 조직하는 일이다. 잘 쓴 글 한 편에는 필자의 복잡한 생각과 정보가 일정한 질서를 따라 배열되어, 독자에게 이해 가능하고 설득력 있게 전달된다. 글을 이루는 최소 단위는 단어이고, 단어들이 모여 문장을 이루며, 여러 문장이 모여 문단을 형성한다. 이 세 단위-단어·문장·문단-에 대한 이해와 훈련은 대학 교육이 지향하는 논리적 사고력과 학술적 표현 능력을 기르는 데 필수적인 기반이다.

단어는 사고를 구성하는 재료이자 의미의 최소 단위이고, 문장은 그 재료를 일정한 질서 속에 배열해 사고의 구조를 드러내는 틀이다. 문단은 이러한 문장들을 조직하여 하나의 논리를 전개하는 장치이다. 따라서 글쓰기의 기본 단위를 다룰 줄 안다는 것은 단순한 기술을 넘어서, 생각을 다듬고 표현을 정교하게 가다듬는 과정이라 할 수 있다.

좋은 글은 이 세 단위가 유기적으로 맞물릴 때 비로소 완성된다. 정확한 단어 선택, 명료한 문장 구성, 논리적인 문단 배열이 균형을 이룰 때 글은 힘과 설득력을 갖는다. 단어는 신중하게 고르고, 문장은 불필요한 요소를 덜어 내어 간결하게 쓰며, 문단은 통일성과 흐름을 고려해 구성해야 한다. 글쓰기는 타고난 재능이라기보다, 이러한 기본 단위를 의식적으로 조합하고 반복해서 훈련할 때 성장하는 역량이다. 결국 단어의 정밀성, 문장의 명료성, 문단의 논리성이 글쓰기 능력을 강화하는 세 축이라고 할 수 있다.

1) 단어

단어는 글의 의미를 담는 최소 단위이면서, 글 전체의 분위기와 신뢰도를 좌우하는 기초 공사에 해당한다. 대학에서 이루어지는 학술적 글쓰기는 단순한 개인의 감상을 나열하는 수준을 넘어, 객관적이고 논리적인 내용을 정확하고 분명하게 전달해야 한다. 좋은 글은 단어 하나를 어떻게 선택하느냐에서 시작된다.

단어 선택에서 가장 먼저 고려할 기준은 정확성이다. 문장이 아무리 그럴듯해 보여도, 단어가 원래의 의미나 문맥에 맞지 않게 쓰이면 글 전체의 신뢰도가 떨어진다. 단어는 사전적 의미와 맥락을 고려해 사용해야 하며, 발음이나 형태가 비슷한 단어를 혼동하지 않도록 주의해야 한다. 특히 학문적 글쓰기에서는 전문 용어를 엄밀하게 사용하는 태도가 요구된다. 생소한 학술 용어를 사용할 때에는 처음 등장하는 부분에서 간단히 정의를 덧붙여 독자의 이해를 돕는 것이 바람직하다. 또한 피동 표현을 지나치게 남용하거나 문법에 맞지 않는 구성을 쓰면 문장의 정확성이 낮아지므로, 가능하면 능동형으로 분명하게 표현하는 습관을 길러야 한다.

좋은 글은 독자가 한 번 읽고도 내용을 파악할 수 있을 만큼 명료해야 한다. 필자는 자신의 지식을 과시하기보다, 독자가 내용을 이해하기 쉽게 쓰는 것을 우선해야 한다. 어려운 한자어나 불필요한 외래어보다는 의미가 분명한 우리말을 사용하는 편이 낫다. 예를 들어 '금번'보다는 '이번', '익일'보다는 '다음 날'이라는 표현이 읽기에도 편하고 직관적이다. 또한 '매우', '상당히'와 같은 추상적인 수식어를 남발하기보다는 구체적인 사실이나 수치를 제시하는 편이 설득력 있는 글에 가깝다.

단어의 적절성은 글의 목적, 예상 독자, 그리고 문체에 따라 달라진다. 보고서·논문처럼 객관성과 중립성이 요구되는 글에서는 감정을 드러내는 표현을 자제해야 한다. 반면 수필이나 비평문과 같이 필자의 목소리가 중요하게 작용하는 글에서는, 적절한 범위에서 개성과 감정을 표현하는 단어 사용이 자연스럽다. 한편, 같은 단어를 지나치게 반복하면 글이 단조롭게 느껴지므로, 의미가 통하는 유의어나 대체 표현을 적절히 활용하여 어휘의 폭을 넓히되, 그 과정에서 의미가 흐려지지 않도록 주의해야 한다.

단어는 의미뿐 아니라 어감과 뉘앙스를 지닌다. 예를 들어 '비판하다'와 '분석하다', '문제점'과 '과제'는 비슷한 맥락에서 사용되지만, 독자가 받는 인상은 다르다. 학술적 글쓰기에서는 감정이 과도하게 실린 어휘보다 객관적이고 절제된 어휘를 선택하는 편이 신뢰를 얻기 쉽다. 문체의 일관성 역시 중요하다. '~이다'체와 '~한다'체를 뒤섞어 쓰면 글의 흐름이 끊기고 통일감이 떨어지므로, 글의 성격과 목적에 맞는 어말 어미를 정해 일관되게 사용하는 것이 좋다.

[표 2-1] 단어와 어휘 선택

구 분	부적절한 예	수정된 예	반영된 원칙
정확성	그는 결단력이 결여된 사람이다.	그는 의사결정이 느린 편이다.	주관적 평가 → 객관적 서술
객관성	교수님은 엄청나게 똑똑하시다.	교수님은 전문지식이 깊으시다.	감정적 어휘 → 객관적 어휘
명료성	금번 보고서의 결과를 확인하시오.	이번 보고서의 결과를 확인하시오.	한자어 → 쉬운 우리말
어감 구별	그는 문제를 비판했다.	그는 문제를 분석했다.	감정적 표현 → 중립적 표현
일관성	그는 정직하다. 믿을 수 있는 사람 입니다.	그는 정직하다. 믿을 수 있는 사람이다.	어미 혼용 → 문체 일관성 유지

(1) 정확한 단어의 선택

다음은 우리가 글을 쓰면서 항상 고민하게 되는 몇 가지 사례를 제시한 것이다. 괄호 안의 두 표현 가운데, 맞는 것을 골라 보자.

① 우리 집 식탁에는 늘 (깍두기 / 깍뚜기)가 올라온다.
② 친구가 원하는 학교에 합격하기를 (바래 / 바라).
③ 구름 사이를 (날으는 / 나는) 새를 가만히 바라보았다.
④ 그 소식은 (금새 / 금세) 온 동네에 퍼졌다.
⑤ 우리 조카는 올해 (세 살배기 / 세 살박이)가 되었다.
⑥ 어제 다녀온 한옥마을이 정말 (멋있대 / 멋있데).
⑦ 늘 따뜻한 마음으로 이웃을 돕는 사람이 (되자 / 돼자).
⑧ (며칠 / 몇 일) 전부터 계속 비가 내리고 있다.
⑨ 내일부터는 군것질을 (안 / 않) 하겠다.
⑩ 올 가을 청년층 (실업율 / 실업률)이 다시 문제가 되고 있다.

①은 된소리 표기에 관한 문제이다. 한글맞춤법 제5항에서는 뚜렷한 이유 없이 나는 된소리는 다음 음절의 첫소리를 된소리로 적는다고 규정한다. 그러나 'ㄱ, ㅂ' 받침 뒤에서 나는 된소리는 된소리로 적지 않는다는 예외 규정이 있다. '깍'의 받침이 'ㄱ'이므로 그 뒤 음절의 첫소리는 '뚜'가 아니라 '두'가 된다. 따라서 바른 표기는 '깍두기'이다.

②는 '바라다'와 '바래다'의 의미 차이를 묻는 예이다. '바라다'는 '어떤 일이 이루어지기를 희망하다'라는 뜻이고, '바래다'는 '빛이나 색이 약해져 변하다'라는 의미이다. 문맥상 '합격하기를 희망한다'라는 뜻이므로 '바라'가 들어간 '바라'가 정답이다.

③은 용언 활용과 관련된 문제이다. 한글맞춤법 제18항에서는 어간 끝의 'ㄹ'이 줄어들 때 '나니, 나는, 나네요'처럼 적는다고 규정한다. '날다'라는 동사는 활용 과정에서 'ㄹ'이 탈락하여 '나는 새'와 같이 적는다. 따라서 정답은 '나는'이다.

④는 줄어든 말의 원형을 파악해야 하는 예이다. '금세'는 '금시에'가 줄어든 말이다. 따라서 '금새'가 아니라 '금세'로 적는다. 이와 비슷하게 '밤새, 요새, 어느새'도 각각 '밤사이, 요사이, 어느 사이'가 줄어든 말이지만, 현재는 '새'로 굳어져 '밤새, 어느새'처럼 적는다. '금세'와 '밤새'는 줄어든 원형이 서로 다르므로, 혼동하지 않도록 주의해야 한다.

⑤는 '-배기, -빼기, -박이'의 의미 차이를 구분하는 문제이다. '-박이'는 무엇인가가 박혀 있음을 나타내는 접미사이다. 그래서 '점박이'는 점이 박혀 있는 사람이나 동물을 가리키고, '돌박이'는 돌이 많이 박힌 땅을 말한다. '-빼기'는 앞말의 특성을 지닌 물건이라는 뜻으로, '곱빼기'는 양을 곱절로 늘린 분량을 의미한다. '-배기'는 '그 나이를 먹은 아이'라는 뜻을 더하는 접미사이므로, 나이를 나타낼 때 사용한다. 따라서 정답은 '세 살배기'이다.

⑥은 '-대'와 '-데'의 쓰임을 구분하는 문제이다. '-대'는 '-다고 해'가 줄어든 형태로, 남의 말을 전할 때 쓴다. '-데'는 화자가 직접 경험한 사실을 회상하며 말할 때 사용하며, '-더라'와 비슷한 느낌을 준다. 예문의 경우, 화자가 직접 보고 느낀 인상을 말하고 있으므로 '멋있더라'의 의미를 가진 '멋있데'가 아니라, '멋있대(멋있다고 하대)'냐 '멋있데(멋있더라)'냐를 문맥으로 판단해야 한다. 여기 문장은 "어제 다녀온 한옥마을이 정말 멋있더라."라는 의미이므로 '멋있데'가 맞다. 헷갈릴 때에는 '-다고 해'와 '-더라'를 각각 대입해 보는 것이 도움이 된다.

⑦은 '되-'와 '돼'를 구분하는 예이다. '돼'는 '되어'의 준말로, '잘 되어 간다(잘 돼 간다).'처럼 쓰인다. 이에 비해 '되자'는 동사 '되-'에 종결어미 '-자'가 결합한 형태이다. 예문에서는 "~한 사람이 되자"라는 의미이므로 '되자'가 바른 표현이다. '돼자'를 '되어자'로 풀어 쓸 수 없다는 점을 떠올리면 쉽게 구분할 수 있다.

⑧은 단어의 어원을 밝히어 적는 문제이다. 한글맞춤법 제27항은 둘 이상의 단어가 어울리거나 접두사가 붙어 이루어진 말은 원형을 밝혀 적는다고 규정한다. 만약 '며칠'의 원형이 '몇 일'이라면 '몇 일'로 적는 것이 맞을 것이다. 그러나 [붙임 2]에서 '어원이 분명하지 않은 것은 원형을 밝히지 않는다'고 규정한다. '며칠'은 16세기 문헌에 이미 '며츨'로 나타나므로 '몇 일'이 원형이라고 보기 어렵다. 따라서 항상 '며칠'로 적는 것이 옳다.

⑨에서 '안'과 '않-'은 일상에서 매우 자주 고민하게 되는 표현이다. '안'은 부사 '아니'의 준말로, 뒤에 오는 용언을 수식한다. '않-'은 '아니하-'가 줄어든 형태로, 서술어 자리에 오는 용언이다. 따라서 "밥을 안 먹었다"에서 '안'은 부사이고, "밥을 먹지 않았다"에서 '않았다'는 용언이다. 예문의 경우 '군것질을 하겠다'라는 동사를 수식하므로 부사 '안'이 정답이다.

⑩은 두음법칙에 관한 예이다. 한글맞춤법에서는 단어의 첫머리에 오는 '랴, 려, 례, 료, 류, 리'를 '야, 여, 예, 요, 유, 이'로 적되, 단어의 첫머리가 아닐 때에는 본음대로 적는다고 정하고 있다. 다만 '렬, 률'이 모음이나 'ㄴ' 받침 뒤에 올 때는 예외적으로 '열, 율'로 적는다. 그래서 '비율(比率), 선율(旋律)'처럼 적는다. 이 문제의 '실업률'에서 '률' 앞에는 'ㅂ' 받침이 오므로 예외 규정에 해당하지 않는다. 따라서 본음대로 '실업률'로 적는 것이 맞다.

(2) 띄어쓰기

“아버지 가방에 들어가신다.”라는 문장은 띄어쓰기의 중요성을 설명할 때 자주 등장하는 예이다. 우스갯소리처럼 들리지만, 실제로 ‘아버지가 방에 들어가신다’와 ‘아버지 가방에 들어가신다’는 전혀 다른 의미를 가진다. 띄어쓰기는 어문 규범에 따라 말을 어디에서 띄어 쓸지 정하는 일이며, 우리는 띄어쓰기를 통해 의미의 경계를 눈으로 확인할 수 있다. 한글맞춤법 총칙 제2항은 “문장의 각 단어는 띄어 씀을 원칙으로 한다.”라고 규정하고 있다. 이 원칙을 바탕으로 올바른 띄어쓰기를 살펴보자.

먼저 총칙 제2항에서 말하는 ‘단어’의 개념을 확인해 보자. 단어는 문장에서 독립적으로 쓰일 수 있는 말의 단위이다. 중·고등학교에서 배운 ‘품사’ 구분을 떠올려 보자. 명사, 대명사, 수사, 동사, 형용사, 관형사, 부사, 조사, 감탄사와 같은 갈래가 바로 품사이다. 품사는 성질이 비슷한 단어들을 묶어 놓은 범주이며, 이들 대부분이 띄어쓰기의 대상이 되는 단어이다. 다만 우리말에서 조사는 홀로 쓰이지 않고 앞말에 붙어서만 쓰이므로, 띄어쓰지 않고 붙여 쓴다.

지현이는 새 운동화 신고 운동장을 힘차게 달렸다.

위 문장에서 ‘지현, 운동장, 운동화’는 명사이다. ‘새’는 뒤에 오는 체언 ‘운동화’를 꾸며 주는 관형사이고, ‘힘차게’는 뒤의 용언을 꾸며 주는 부사이다. ‘신고’와 ‘달렸다’는 각각 ‘신다, 달리다’라는 동사의 활용형이다. 이들은 서로 다른 품사를 가진 단어이므로 띄어 쓴다. 다만 '지현' 뒤의 '은', '운동장' 뒤의 '을'과 같은 조사는 앞말과 붙여 쓴다.

① 조사와 보조용언

한글맞춤법 제41항은 "조사는 그 앞말에 붙여 쓴다."라고 규정한다. 또 제47항은 "보조용언은 띄어 씀을 원칙으로 하되, 경우에 따라 붙여 씀도 허용한다."라고 밝힌다. 이 규정을 기억하면서 다음의 문제를 풀어 보자.

㉠ (집에서 만이라도 / 집에서만 이라도 / 집에서만이라도) 편히 쉬고 싶다.
㉡ 네가 (먹을만큼 / 먹을 만큼) 덜어 먹어라.
㉢ 나에게는 오직 (너뿐이야 / 너 뿐이야).
㉣ 내 힘으로 이 일을 꼭 (해내겠다 / 해 내겠다).
㉤ 플라스틱을 깨끗이 (씻어서 버렸다 / 씻어서버렸다).

㉠은 조사가 연속으로 쓰인 경우를 묻는 예이다. '-에서'는 장소를 나타내는 격조사, '-만'은 대상을 제한하는 보조사, '-이라도'는 차선의 선택을 나타내는 보조사이다. 이 셋은 모두 조사이므로 앞말에 붙여 쓰며, "집에서만이라도"처럼 한 번에 적는다. 따라서 '집에서만이라도'가 정답이다.

㉡에서 '뿐, 만큼, 대로'와 같은 말은 의존명사로 쓰이기도 하고

조사로 쓰이기도 한다. 의미만으로는 구별이 어려우므로, 앞에 오는 말의 형태를 보고 판단한다. '-ㄴ/은/는, -을/를, -던'과 같은 관형사형 어미 뒤에 오면 의존명사로 보아 띄어 쓰고, '학생만큼, 너만큼'처럼 명사나 대명사 뒤에 오면 조사로 보아 붙여 쓴다. 예문에서 '먹을'은 관형사형 어미가 붙은 형태이므로 뒤에 오는 '만큼'은 의존명사이다. 따라서 '먹을 만큼'처럼 띄어 써야 한다.

㉢은 ㉡과 연결되는 예이다. 대명사 '너' 뒤에 오는 '뿐'은 조사로 쓰였으므로 '너뿐이야'처럼 붙여 쓴다. '너 뿐이야'는 잘못된 표기이다.

㉣에서 '해내다'는 본용언 '하다'와 보조용언 '내다'가 결합해 하나의 의미를 이루는 형태이다. 원칙적으로 본용언과 보조용언은 띄어 쓰지만, 한 단어로 굳어진 말은 붙여 쓸 수 있다. '해 내다/해내다'는 의미상 모두 허용되나, 실제 사용에서는 하나의 단어처럼 인식되는 경우가 많다. 이 예에서는 두 형태 모두 가능하다.

㉤은 반드시 띄어 써야 하는 사례이다. 본용언과 보조용언 사이에 '-아/-어' 이외의 연결어미가 들어가면 반드시 띄어 쓴다. '씻어서 버렸다'에서 '-어서'는 연결어미이므로, '씻어서버렸다'라고 붙여 쓸 수 없다. 정답은 '씻어서 버렸다'이다. 반대로 '도와주다, 알아보다, 붙여넣다'처럼 이미 한 단어가 된 말들은 붙여 쓴다.

② **의존명사, 고유명사, 전문용어**

한글맞춤법 제42항은 "의존명사는 띄어 쓴다."라고 규정하며, 제48항은 "성과 이름, 성과 호는 붙여 쓰고, 이에 덧붙는 호칭어·관직명 등은 띄어 쓴다."라고 정한다. 또한 제50항에서는 전문용어는 원칙적으로 단어별로 띄어 쓰되, 붙여 쓰는 것도 허용한다고 밝힌다. 이를 바탕으로 다음 예를 살펴보자.

㉠ 오랜만에 (아는것 / 아는 것)이 나와서 쉽게 풀 수 있었다.
㉡ 소풍을 가서 사진을 찍으려고 새 (카메라 한 대 / 카메라 한대)를 샀다.
㉢ 나는 서울중학교 (15회 / 15 회) 졸업생이다.
㉣ (서른 둘 / 서른둘) 살이 되어서야 첫 직장을 얻었다.
㉤ 퇴계 (이황 / 이 황) 선생의 제자 가운데 뛰어난 학자가 많다.
㉥ 나는 지금 (한국 대학교 / 한국대학교)에 재학 중이다.
㉦ 우리나라가 (단거리 탄도 미사일 / 단거리탄도미사일)을 자체 개발했다.

㉠에서 '것, 바, 수'와 같이 앞말의 설명을 받아야 비로소 의미를 갖는 말을 의존명사라 한다. 의존명사는 자립명사와 마찬가지로 하나의 단어이므로 띄어 써야 한다. 따라서 '아는 것'이 맞다.

㉡의 '한 대, 한 벌, 한 켤레' 등은 단위를 세는 단위명사이다. 단위명사는 수량 표현과 어울려 쓰일 때 띄어 쓰는 것이 원칙이므로 '카메라 한 대'가 바른 표현이다.

㉢은 단위명사의 예외 규정이다. 회·층·학년·미터처럼 수와 결합할 때, 특히 아라비아 숫자와 함께 쓰이면 '15회, 3층, 2학년'처럼 붙여 쓰는 것이 허용된다. 원칙적으로 띄어 써도 되지만, 실제로는 붙여 쓰는 경우가 많다. 따라서 '15회, 15 회' 모두 가능하다.

㉣에서 수를 적는 규정(제44항)에 따르면, 큰 수를 쓸 때는 '만' 단위로 띄어 쓴다. '서른둘'은 십 단위 이하의 수이므로 한 단어로 붙여 쓴다. 따라서 '서른둘'이 맞고, 뒤의 단위명사 '살'은 띄어 써서 '서른둘 살'이라고 적는다. 아라비아 숫자를 사용할 경우에는 '32 살'처럼 붙여 쓸 수 있다.

㉤에서 성과 이름은 붙여 쓰는 것이 원칙이므로 '이황'이 맞다. 성과 호도 붙여 쓰므로, '퇴계 이황, 율곡 이이, 신사임당'처럼 적는다. 다만 호칭은 띄어 적어 '퇴계 이황 선생'처럼 쓴다.

㉥에서 학교명, 학과명 등 고유명사는 원칙적으로 단어 단위로 띄어 쓰지만, 일정한 단위를 이루는 경우에는 단위별로 붙여 쓰는 것도 허용된다. '한국 대학교'처럼 단어별로 띄어 쓸 수 있고, '한국대학교'처럼 하나의 단위로 붙여 쓸 수도 있다.

㉦의 '단거리 탄도 미사일'은 군사용 전문용어이다. 전문용어는 기본적으로 단어별로 띄어 쓰지만, 하나의 개념을 이루는 경우가 많아 붙여 쓰기도 한다. 따라서 '단거리 탄도 미사일'과 '단거리탄도 미사일' 모두 허용된다.

1. **다음 중 괄호 안에서 바른 표현을 고르시오.**

- 모자를 벗고 그 자리에서 (넙죽 / 넙쭉) 절을 했다.
- 맞춤법 실력이 많이 (는 / 늘은) 것 같은데?
- 중간고사 기간에 (밤새 / 밤세) 공부하였다.
- 매일 만나는 사람인데 오늘따라 (왠지 / 웬지) 멋있어 보인다.
- 우리는 대화(로서 / 로써) 갈등을 풀어야 한다.
- 우리가 어제 먹은 수원 왕갈비 통닭이 참 (맛있대 / 맛있데).
- 올해는 작년보다 더 많은 (장마비 / 장맛비)가 내렸다.
- 내가 그를 처음 만난 것은 서울행 (기차간 / 기찻간)에서였다.
- 어제 일은 내가 (사과할게 / 사과할께).
- 그는 (졸렬 / 졸열)한 방법으로 승리를 따냈다.

2. **다음 중 띄어쓰기가 올바른 것을 고르시오.**

- 그가 집을 (떠난지 / 떠난 지) 3년이 되었다.
- 내가 (기대한대로 / 기대한 대로) 결과가 나왔다.
- 나는 책을 다 (읽는데 / 읽는 데) 오 일이나 걸렸다.
- 열심히 준비한 만큼 꼭 (이기고싶다 / 이기고 싶다).
- 네가 감기에 걸렸다니 참 (안되었다 / 안 되었다).
- 소파 (방정환 / 방 정환) 선생께서 어린이날을 만들었다.
- 요즘 (십원짜리 / 십 원짜리 / 십 원 짜리) 동전을 보기 힘들다.
- 습관만 바꿔도 (수면무호흡증후군 / 수면 무호흡 증후군)을 고칠 수 있다.

(3) 헷갈리는 표현

다음은 일상에서 자주 헷갈리는 표현들이다.

㉠ 나는 공직자(로서 / 로써) 시민에게 책임을 져야 한다.

㉡ 오늘은 (왠지 / 웬지) 운이 따를 것 같은 기분이다.

㉢ 아, 그때 그냥 미리 지원서부터 (냈을껄 / 냈을걸).

㉣ 아까 빌려간 책 (이따가 / 있다가) 꼭 돌려 줘.

㉤ 항상 방을 (깨끗이 / 깨끗히) 정리하는 습관을 기르자.

㉥ (사과든지 배든지 / 사과던지 배던지) 아무거나 괜찮다.

㉦ 불을 (켜 둔 채 / 켜 둔 체) 밤새 공부를 했다.

㉠에서 '-로서'는 신분·자격을 나타내고, '-로써'는 수단·도구를 나타낸다. '공직자라는 신분'의 의미이므로 '공직자로서'가 바른 표현이다.

㉡에서 '왠지'는 '왜인지'의 준말로, '이유는 분명하지 않지만 그런 느낌이 든다'라는 뜻이다. '웬'은 관형사로 '웬 일이지?, 웬 소리냐?'처럼 뒤에 오는 명사를 꾸며 준다. '웬지'라는 형태는 쓰지 않으므로, 정답은 '왠지'이다.

㉢에서 자주 틀리는 표현이 '-할께, -할껄'과 같은 형태이다. 이들은 모두 '하-'에 종결어미 '-ㄹ게, -ㄹ걸'이 결합한 것으로, '할게, 할걸'이 맞다. 따라서 '냈을걸'이 바른 표현이다.

㉣에서 '이따가'는 부사로 '조금 뒤에'라는 뜻이고, '있다가'는 동사 '있-'에 연결어미 '-다가'가 붙은 형태이다. '조금 뒤에 돌려 달라'는 뜻이므로 '이따가'가 맞다.

㉤에서 한글맞춤법 제51항은 '끝 음절이 분명히 [이]로만 나면 -이로 적고, [히]로만 나거나 [이]/[히] 모두 가능한 경우에는 -히로 적는다.'고 규정한다. '깨끗이'는 [깨끄시]로 발음되므로 '깨끗이'가 맞다.

㉥에서 '-든지'는 둘 중 어느 것을 선택해도 상관없음을 나타내는 조사이고, '-던지'는 과거에 있었던 일을 떠올릴 때 쓰는 어미이다. '사과든지 배든지'가 정답이다.

㉦에서 '-체'는 '체하다'와 함께 쓰이며, 실제로는 그렇지 않으면서 그런 것처럼 꾸미는 것을 뜻한다. '모르는 체하다, 아는 체하다'가 그 예이다. '-채'는 어떤 상태가 그대로 유지되고 있음을 나타내는 의존명사이다. 불이 켜진 상태로 공부를 했다는 의미이므로 '켠 채'가 바른 표현이다.

2) 문장

문장은 단어들이 모여 하나의 완결된 생각을 전달하는 구조 단위이다. 효율적인 문장은 독자가 빠르고 정확하게 내용을 이해하도록 돕고, 이런 문장들이 모여 문단의 논리적 흐름을 형성한다.

효율적인 문장의 첫째 조건은 간결성이다. 문장이 불필요하게 길어질수록 주어와 서술어의 관계가 멀어지고, 의미가 모호해지기 쉽다. 한 문장에는 가급적 하나의 중심 생각만 담는 일문일의(一文一義) 원칙을 지키는 것이 좋다. 복잡한 내용을 억지로 한 문장에 몰아넣기보다, 짧고 분명한 문장으로 나누어 쓰는 편이 효과적이다. '~에 있어서, ~에 대한, ~의 경우'와 같은 군더더기 표현도 가능한 한 줄이는 것이 좋다.

문장의 명확성은 주어와 서술어의 호응이 제대로 이루어지는지에 달려 있다. 문장을 쓴 뒤에는 '누가 무엇을 어떻게 하는가'를 스스로 점검해 보아야 한다. 수식어는 가능한 한 수식하는 말 가까이에 배치하고, 피동형보다는 능동형을 사용해 문장에 힘을 실어야 한다. 예를 들어 "문제가 해결되었다"보다 "우리가 문제를 해결했다"가 주체를 더 분명히 드러낸다.

문장의 논리성은 문장과 문장을 잇는 방식에서 드러난다. 인과관계를 드러낼 때는 '따라서, 그래서', 대조를 나타낼 때는 '그러나, 하지만', 내용을 덧붙일 때는 '또한, 게다가'와 같이 적절한 연결어를 사용해야 한다. 논리적 연결이 약한 문장은 독자의 이해를 방해하고 글의 흐름을 끊는다.

또한 문장은 글의 리듬을 만들어 내는 요소이다. 짧은 문장은 명료하지만 지나치게 이어지면 단조로워지고, 긴 문장은 풍부하지만 계속 반복되면 부담스럽다. 문장의 길이를 적절히 조절하여 리듬감을 만들고, 문체를 일관되게 유지하는 것이 중요하다.

[표 2-2] 효율적인 문장 쓰기

구 분	비체계적 문장	효율적인 문장	반영된 원칙
간결성	나는 어제 친구와 카페에 갔다가 커피를 마시며 이야기를 나누었는데, 그 친구는 내일 시험을 준비해야 해서 일찍 집에 갔다.	나는 어제 친구와 카페에서 커피를 마셨다. 친구는 시험 준비 때문에 일찍 집에 갔다.	장문 → 짧고 명확한 문장
명확성	학생들의 참여율을 높이는 것이 중요하다고 생각되었다.	학생들의 참여율을 높이는 것은 중요하다.	모호한 서술 → 주어·서술어 관계 명확화
능동성	이 문제는 쉽게 해결될 수 있다.	우리는 이 문제를 쉽게 해결할 수 있다.	피동형 → 능동형
불필요한 표현	요즘 대학생들은 사회에 나가서 직장을 잡는 것에 있어서 많은 어려움을 겪는다.	요즘 대학생들은 취업 과정에서 많은 어려움을 겪는다.	군더더기 표현 → 간결한 표현
논리 연결	취업이 어렵다. 대학 교육이 문제다.	취업이 어려운 것은 대학교육의 한계 때문이기도 하다.	단절된 문장 → 인과관계 명확화

(1) 올바른 문장 쓰기

생각이 정리되지 않으면 올바른 문장을 만들 수 없다. 정확하고 분명한 글쓰기는 무엇보다 명료하고 논리적인 사고를 전제로 한다. 동시에 우리말 어법에 맞는 표현을 통해 막연한 생각을 구체적이고 논리적인 사고로 발전시킬 수 있다.

글은 기본적으로 말을 문자로 옮겨 적은 것이지만, 문법에 맞는 문장을 정확히 구사하는 능력은 오랜 연습을 통해 길러지는 역량이다. 단어만 나열한다고 해서 문장이 되는 것은 아니며, 조사 하나, 어미 하나만 잘못 써도 문장이 어색해진다. 또한 문법적으로 완전히 틀린 것은 아니더라도, 일본어식 표현이나 영어 번역투를 그대로 옮겨 쓰면 우리말다운 문장이라고 보기 어렵다.

올바른 문장을 쓰기 위해 우리말의 기본 어순을 확인해 보면 다음과 같다.

㉠ 꽃이 피었다.
주어 서술어

㉡ 나는 너를 사랑한다.
주어 목적어 서술어

㉢ 나는 그대를 (진심으로) 사랑한다.
주어 목적어 (부사어) 서술어

㉣ 나는 책읽기를 좋아하는 그대를 사랑한다.
주어 관형절 목적어 서술어

우리말의 기본 어순은 '주어 + 서술어'이다. ㉠에서처럼 문장의 주체인 주어가 먼저 오고, 행위나 상태를 나타내는 서술어가 문장의 끝에 온다. 서술어의 종류에 따라 목적어가 필요하기도 하는데, ㉡의 '사랑한다'는 행위의 대상을 요구하는 동사이므로 '너를'이라는 목적어가 함께 쓰인다. 이처럼 주어·목적어·서술어는 문장의 뼈대를 이루는 필수 성분이다.

㉢에서는 '진심으로'라는 부사어가 서술어 '사랑한다'를 꾸미고 있다. 부사어는 서술어를 보충하거나 정도를 한정하는 역할을 하지만, 없어도 문장의 기본 의미는 전달된다. 불필요한 부사어를 지나치게 많이 사용하는 것은 문장을 장황하게 만들 수 있다.

㉣의 문장은 안긴문장과 안은문장이 결합된 구조이다. "책 읽기

를 좋아한다."라는 문장에 전성 어미 '-는'이 결합해 "책 읽기를 좋아하는"이라는 관형절이 되고, 이 관형절이 뒤의 '너'를 꾸민다. 바깥에 있는 "나는 너를 사랑한다."라는 문장은 안은문장이 되고, 안긴문장과 함께 하나의 긴 문장을 이룬다. 이처럼 한국어 문장은 여러 문장이 겹쳐 복잡한 구조를 이루기도 하지만, 문장이 길어질수록 독자가 의미를 단번에 파악하기 어려워진다는 점을 기억하자. 가능하면 짧은 문장 몇 개로 나누어 쓰는 것이 좋다.

① 주어와 목적어를 빠뜨리지 않는다

한국어는 주어 생략이 비교적 자유로운 언어이다. 구어에서는 주어를 자주 생략해도 대화 상황이 보완해 주기 때문에 의미 전달에 큰 문제가 없다. 예를 들어 "오늘 점심 뭐 먹을래?"라는 질문에 "비빔밥."이라고만 대답해도 '나는 비빔밥을 먹을래'라는 의미가 충분히 전달된다.

그러나 글에서는 대화의 상황이나 표정, 억양과 같은 비언어적 요소에 기대기 어렵다. 따라서 주어와 목적어, 서술어 등 필수 성분은 명확하게 드러내는 것이 좋다. 특히 둘 이상의 문장을 연결할 때에는 필수 성분이 중간에서 빠지지 않았는지 확인해야 한다.

예) 민수는 지연에게 책을 선물했고, 그 보답으로 꽃을 보냈다.
⇒ 민수는 지연에게 책을 선물했고, 지연은 그 보답으로 민수에게 꽃을 보냈다.

위 예는 두 문장이 이어진 구조이다. 앞 문장은 주어 '민수', 목적어 '책', 서술어 '선물했다'가 모두 드러나 있다. 그러나 뒤 문장에서는 주어가 드러나지 않아, 누가 꽃을 보냈는지 문맥에 의존해 추측해야 한다. '지연은'을 추가하면 문장이 훨씬 분명해진다.

예) 사람은 남에게 속기도 하고 속이기도 한다.
⇒ 사람은 남에게 속기도 하고 남을 속이기도 한다.

위의 예는 "사람은 남에게 속기도 한다."라는 문장과 "사람은 남을 속이기도 한다."라는 문장을 이어 적은 문장이다. 앞 문장의 서술어인 '속다'라는 동사는 자동사로 목적이 없이 사용될 수 있다. 그러나 뒤 문장의 서술어 '속이다'는 타동사로, '~을'과 같은 목적어가 있어야 한다.

② 주어와 서술어가 호응해야 한다

주어와 서술어는 문장의 골격이다. 문장이 제대로 서려면 최소한 하나의 주어와 하나의 서술어가 서로 호응해야 한다. 이를 주술 호응이라고 한다. 주어가 부르면 서술어가 그에 응답하는 관계를 이루어야 하고, 그 관계가 어긋나면 문장이 어색하거나 의미가 불명확해진다.

한국어 문장은 기본적으로 주어가 앞에, 서술어가 뒤에 놓이는 구조이다. 문장이 길어질수록 주어와 서술어의 거리가 멀어지고, 중간에 다른 성분들이 많이 끼어들면서 호응에 오류가 생기기 쉽다. 따라서 글을 고칠 때에는 문장의 핵심을 이루는 주어와 서술어를 먼저 확인하고, 이 둘이 자연스럽게 연결되는지 점검해야 한다.

예) 우리나라의 자유는 독립을 위해 헌신한 수많은 영웅이 있었기 때문이다.

⇒ 우리나라의 자유는 독립을 위해 헌신한 수많은 영웅이 있었기 때문에 가능했다.

⇒ 우리나라가 자유를 누릴 수 있는 까닭은 독립을 위해 헌신한 수많은 영웅이 있었기 때문이다.

원래 문장에서 주어는 '우리나라의 자유', 서술어는 '때문이다'이다. 이 둘은 문법적으로 자연스럽게 이어지지 않는다. 따라서 주어를 '우리나라가 자유를 누릴 수 있는 까닭'으로 바꿔 주거나, 서술어를 '가능해졌다'로 바꾸어 주어와 서술어의 호응을 맞추어야 한다.

③ 일본어 투와 영어 번역 투 문장을 경계해야 한다

올바른 문장을 쓰기 위해서는 일본어식 표현이나 영어 번역투 문장을 경계해야 한다. 외국어 표현을 직역한 문장은 우리말 어순과 잘 맞지 않아 어색할 뿐 아니라, 군더더기가 많아져 의미를 흐리게 만들기 쉽다.

예) 승진에 있어서 남녀를 차별해서는 안 된다.

⇒ 승진에서 남녀를 차별해서는 안 된다.

예) 선생님은 학생들에 대하여 많은 관심을 가져야 한다.

⇒ 선생님은 학생들에게 많은 관심을 가져야 한다.

'~에 있어서, ~에 대하여'는 일본어 표현을 직역한 형태로, 자연스러운 우리말과는 거리가 있다. 대부분의 경우 단순히 조사를 바꾸거나 표현을 한 번 더 다듬는 것만으로 충분히 대체할 수 있으므로, 습관적으로 사용하지 않도록 주의한다.

예) 기말 보고서 발표 준비를 위해 조별 모임을 가졌다.
⇒ 기말 보고서 발표 준비를 위해 조별 모임을 했다.

예) 불조심은 아무리 강조해도 지나치지 않다.
⇒ 불조심은 매우 중요하다.

예) 친구로부터 편지가 왔다.
⇒ 친구에게서 편지가 왔다.

영어에서 온 표현도 적지 않다. 우리말에서는 어떤 목적을 위해 행동하는 것을 '~을 하다'라고 표현해 왔는데, 영어의 'have'를 직역한 '~을 가지다'가 과도하게 쓰이는 경우가 많다. 또한 'too ~ to …' 구조를 그대로 옮겨 '너무 ~해서 …할 수 없다'라고 쓰는 문장은 종종 어색하게 느껴진다. 이러한 표현은 '매우, 상당히' 같은 부사와 적절한 서술어로 바꾸어 쓰면 훨씬 자연스러운 우리말이 된다. '~로부터' 역시 영어 'from'을 직역한 표현이므로, 가능하면 '에게서, 에서'와 같은 조사를 사용하는 편이 좋다.

(2) 간결한 문장 쓰기

간결한 문장은 필요한 만큼의 말만 사용해 전달하려는 내용을 표현하는 문장이다. 즉, 생각을 나타내는 데 꼭 필요한 구성만 남기고 불필요한 단어와 중복된 표현을 줄이는 것이다. 간결한 문장은 읽기에도 부담이 적고, 의미도 분명하게 전달된다.

한 문장에 여러 내용을 억지로 넣다 보면 문장이 지나치게 길어져 주어와 서술어의 호응이 흐트러지고, 독자가 핵심을 파악하기 어렵게 된다. 일반적으로 한 문장에는 한 가지 핵심 내용만 담는 것이 좋다. 간결하고 명료한 문장을 쓰려면 불필요한 반복을 줄이고, 가능한 한 문장을 짧게 쓰는 연습이 필요하다.

① 긴 문장은 되도록 간결하게 쓴다

주어나 서술어가 지나치게 길면 문장의 초점이 흐려진다. 이런 경우 주어나 서술어에 포함된 부가 설명을 잘라 내어 다른 문장으로 돌리면, 전체 문장이 훨씬 읽기 쉬워진다.

예) 무엇보다 중요한 것은 대학 생활에서 전공 공부뿐만 아니라 자유로운 인격체로서 인생을 살아갈 수 있는 역량을 키워주는 교양 공부에 소홀히 하지 말아야 한다.

이 문장은 한 번에 읽어 내리기 어렵고, 어디가 핵심인지 한눈에 들어오지 않는다. 내용을 나누어 정리해 보면 다음과 같이 쓸 수 있다.

⇒ 대학 생활에서 중요한 것은 전공 공부만이 아니다.

⇒ 교양 공부는 자유로운 인격체로서 인생을 살아갈 수 있도록 역량을 키워준다.

⇒ 교양 공부도 소홀히 하지 말아야 한다.

복잡한 문장의 내용을 정리하여 간결하게 나타내면 내용이 한눈에 들어온다. 여기에서 그치지 않고 내용을 재배열하면 보다 정돈되고 자연스러운 문장이 된다.

⇒ 대학 생활에서 전공 공부뿐만 아니라 교양 공부도 소홀히 하지 말아야 한다. 왜냐하면 교양은 자유로운 인격체로서 인생을 살아갈 수 있도록 역량을 키워주기 때문이다.

② 중복되는 어휘나 문장 성분을 생략한다

동일한 단어를 한 문장 안에서 여러 번 반복하거나, 이미 언급한 내용을 다른 말로 되풀이하면 문장은 불필요하게 길어지고 답답한 인상을 준다. 중복되는 표현을 줄이면 문장이 한결 간결해진다.

예) 그 선생님의 장점은 재미있고 열정적이라는 점이 큰 장점입니다.

⇒ 그 선생님의 장점은 재미있고 열정적이라는 것입니다.

⇒ 그 선생님은 재미있고 열정적이라는 장점이 있습니다.

예) 이 문장은 오류가 없는 문장처럼 여기기 쉬운 문장이다.
⇒ 이 문장은 오류가 없는 것처럼 여기기 쉽다.

첫 번째 예문에서는 '장점'이 두 번 반복된다. 같은 단어가 문장 안에서 겹치면 가능한 한 한 번만 쓰도록 줄이는 편이 낫다. 두 번째 예문에서는 '문장'이 세 번 반복되므로, 일부는 '것'과 같은 대체 표현으로 바꾸고, 필요 없는 부분은 삭제했다.

예) 그 문제는 다시 재논의할 필요가 없다.
⇒ 그 문제는 다시 논의할 필요가 없다.
⇒ 그 문제는 재논의할 필요가 없다.

'재논의'는 '다시 논의하다'라는 뜻이므로 앞의 '다시'와 의미가 겹친다. 이런 경우 둘 중 하나만 남겨도 의미 전달에는 문제가 없다.

③ 상투적인 말이나 무의미한 말은 되도록 피한다

글을 쓰다 보면 습관적으로 손이 가는 표현들이 있다. 예를 들어 '~했다고 해도 과언이 아니다.', '~을(를) 경주해야 한다.', '~을 연출했다.', '~하였던 것이다.', '~하지 않을 수 없다.', '~이라고 할 수 있다.'와 같은 표현이 그렇다. 이런 표현들은 한두 번 사용될 때에는 강조 효과를 내지만, 글 전반에 반복되면 진부하고 만만한 인상을 주며, 문장의 간결성도 해친다.

예) 맛있는 음식을 먹기 위해 다이어트를 했다고 말해도 과언이 아니다.

⇒ 맛있는 음식을 먹기 위해 다이어트를 했다.

예) 나라의 경제 발전을 위해 노력은 경주해야 한다.

⇒ 나라의 경제 발전을 위해 노력해야 한다.

예) 솔직한 대화를 나누면서 시종일관 화기애애한 분위기를 연출했다.

⇒ 솔직한 대화를 나누면서 시종일관 화기애애한 분위기였다.

강조가 꼭 필요할 때가 아니라면, 상투적인 표현을 줄이고 직접적인 서술을 사용하는 편이 힘 있고 간결한 문장이 된다.

3) 명확한 문장 쓰기

문장의 의미는 무엇보다 분명해야 한다. 의미가 모호하면 독자는 글의 내용을 오해하거나, 아예 관심을 잃어버리기도 한다. 의미가 명확한 문장을 쓰기 위해서는 전달하려는 생각을 논리적으로 정리하고, 그 내용을 우리말 문장 구조에 맞게 재배열해야 한다.

① 수식어를 피수식어 가까이에 둔다

수식어와 피수식어 사이의 거리가 너무 멀거나, 하나의 수식어가 여러 대상을 동시에 꾸미는 경우 문장의 의미가 불분명해진다. 이런 경우에는 수식어를 피수식어 가까이에 두거나, 문장을 나누거나, 반점(,)을 활용해 구분해 주어야 한다.

예) 아름다운 서울의 다리
⇒ 서울의 아름다운 다리
⇒ 아름다운 서울의, 다리

원래 문장에서는 '아름다운'이 '서울'을 꾸미는지, '다리'를 꾸미는지 애매하다. '다리'를 강조하고 싶다면 '서울의 아름다운 다리'처럼 '다리' 바로 앞에 수식어를 두는 편이 낫다. 반대로 '서울'이 아름답다는 의미를 살리고 싶다면 '아름다운 서울의, 다리'처럼 반점을 사용해 의미를 구분해 줄 수 있다.

예) 청년 실업은 여실히 우리 사회의 암울한 모습을 보여준다.
⇒ 청년 실업은 우리 사회의 암울한 모습을 여실히 보여준다.

부사어는 문장의 여러 자리에 올 수 있지만, 보통 서술어 바로 앞에 배치하는 것이 자연스럽다. 따라서 '여실히 보여준다'처럼 쓰는 편이 의미도 분명하고 리듬도 좋다.

② 논리 관계가 명확해야 한다

우리말에서 조사 '의'는 다양한 의미 관계를 표현한다. 따라서 문장에 쓰인 '의'가 무엇을 가리키는지 분명하게 드러나도록 구조를 조정해야 한다

예) 아버지의 초상화가 있다.
⇒ 아버지가 그리신 초상화가 있다.
⇒ 아버지를 그린 초상화가 있다.
⇒ 아버지가 소장하신 초상화가 있다.

원래 문장만으로는 '아버지가 그린 초상화'인지, '아버지의 얼굴이 담긴 초상화'인지, '아버지가 가지고 있는 초상화'인지 알기 어렵다. 의미를 분명히 하고자 한다면, 위와 같이 구체적으로 써 주어야 한다.

예) 지구의 해수면이 높아지고 있습니다. 그래서 빙하가 녹고 있다는 것입니다.
⇒ 빙하가 녹고 있습니다. 그래서(그러므로) 지구의 해수면이 높아지고 있습니다.
⇒ 지구의 해수면이 높아지고 있습니다. 즉 빙하가 녹고 있다는 것입니다.

원래 문장에서는 원인과 결과의 관계가 뒤집혀 있다. 실제로는 '빙하가 녹는 것'이 원인이고, '해수면 상승'이 결과이다. 따라서 "빙하가 녹고 있습니다. 그래서 지구의 해수면이 높아지고 있습니다."처럼 원인을 앞에 두고 결과를 뒤에 두는 편이 자연스럽다. 혹은 결과를 먼저 제시한 뒤, '즉'이라는 접속 부사를 사용해 그 이유를 설명할 수도 있다.

또한 두 문장을 '그리고, 하지만, 또는' 등으로 이을 때에는 서로 대등한 관계에 있는 내용끼리 묶어야 한다.

예) 그는 학생이고, 나는 낚시를 좋아한다.
⇒ 그는 학생이고, 나는 회사원이다.
⇒ 그는 영화를 좋아하고, 나는 낚시를 좋아한다.

원래 문장은 '신분'과 '취미'가 뒤섞여 있어, 서로 대등하게 비교하기 어렵다. 수정된 예처럼 '신분'끼리, 혹은 '취미'끼리 묶어 쓰는 것이 논리적으로 자연스럽다.

③ 정확한 어휘를 사용한다
문장의 의미를 명확하게 전달하려면, 문맥에 알맞은 단어를 골라 써야 한다. 어울리지 않는 단어를 사용하면 문장이 어색해지거나, 원래 의도와 다른 뜻으로 읽힐 수 있다.

예) 정미는 축구 차는 것을 좋아한다.
⇒ 정미는 축구 하는 것을 좋아한다.
⇒ 정미는 공 차는 것을 좋아한다.

운동장에서 차는 것은 '공'이지 '축구'가 아니다. 즉 '축구를 차다'라는 표현은 정확한 표현이 아니다. 그러므로 '공을 찬다'거나 '축구를 한다'와 같이 정확한 어휘를 사용해야 한다.

예) 코로나19에서 벗어나려면 백신 접종을 꼭 맞아야 한다.
⇒ 코로나19에서 벗어나려면 백신 접종을 꼭 해야 한다.

'접종'은 '항체를 몸에 주입한다'라는 뜻이다. 그러므로 뒤의 '접종을 맞다'라는 표현보다 '접종을 하다'라는 표현이 정확하다.

예) 소방관은 생명을 무릅쓰고 불로 뛰어들었다.
⇒ 소방관은 생명의 위협을 무릅쓰고 불로 뛰어들었다.

'무릅쓰다'는 '어려움이나 위험을 감수한다'는 뜻이다. 소방관이 견디는 것은 '생명 자체'가 아니라, 생명이 위협받는 상황이므로 '생명의 위협을 무릅쓰고'라고 쓰는 것이 정확하다.

3) 문단

문단은 여러 문장이 모여 하나의 중심 생각을 전달하는 단위이다. 문단이 체계적으로 구성될수록 글 전체의 구조와 논리가 드러나고, 독자는 내용을 훨씬 수월하게 이해할 수 있다.

문단은 보통 중심 문장-뒷받침 문장-마무리 문장의 구조로 이루어진다. 중심 문장은 문단의 주제를 제시하며, 대개 문단의 첫머리에 놓인다. 뒷받침 문장은 중심 생각을 구체적인 근거나 사례를 통해 풀어 주고, 마무리 문장은 문단의 내용을 정리하거나 다음 문단으로의 연결 고리를 제공한다.

문단 구성의 원칙은 크게 통일성, 일관성, 강조성 세 가지로 요약할 수 있다. 통일성이란 문단 안의 모든 문장이 하나의 중심 생각을 향해 나아가야 한다는 뜻이다. 중심 주제와 직접 관련이 없는 문장은 아무리 흥미롭더라도 과감히 삭제해야 한다. 일관성은 문장들이 논리적인 순서를 따라 자연스럽게 이어지는 것을 말한다. 인과(원인-결과), 시간 순서, 중요도(핵심-부가) 등의 기준을 바탕으로 문장을 배열하면 일관성이 높아진다. 강조성은 중요한 내용을 눈에 띄는 위치에 배치하여 독자의 주의를 집중시키는 것이다. 특히 학술 글쓰기에서는 문단의 첫머리에 중심 문장을 두는 두괄식 구성이 효과적이다.

[표 2-3] 짜임새 있는 문단 쓰기

구 분	비체계적 문단	짜임새 있는 문단	반영된 원칙
통일성	운동은 건강에 좋다. 나는 친구들과 자주 영화를 본다. 요즘 날씨가 좋아서 등산하기에 좋다.	운동은 신체적 건강뿐 아니라 정신적 안정에도 긍정적인 영향을 미친다. 규칙적인 운동은 스트레스 해소와 수면 개선에도 도움이 된다.	여러 주제 혼합 → 하나의 주제로 통일
일관성	대학생은 자기주도적이어야 한다. 요즘에는 취업이 어렵다. 대학에서는 전공 공부가 중요하다.	대학생은 자기주도적인 학습 태도를 길러야 한다. 스스로 계획을 세우고 실천하는 습관이 있어야 학업과 진로 모두에서 성취를 얻을 수 있다.	내용 나열 → 논리적 흐름(원인-결과)유지
강조성	인간관계는 중요하다. 다양한 사람을 만나는 것은 즐겁다. 친구가 많으면 좋다. 서로 신뢰가 생기면 관계가 오래간다.	인간관계에서 가장 중요한 것은 신뢰이다. 다양한 사람을 만나 즐거움을 느끼는 것도 중요하지만, 신뢰가 쌓여야 관계가 오래 지속된다.	단순 진술 → 핵심 문장 앞에 배치
통합적 적용	대학생은 자유롭다. 친구를 많이 사귀어야 한다. 여행도 다녀야 한다. 대학 시절은 즐거워야 한다. 하지만 공부도 해야 한다. 성적이 나빠지면 취업이 어렵다.	대학생활은 자유와 책임이 공존하는 시기이다. 자유롭게 친구를 사귀고 다양한 경험을 쌓는 것은 중요하지만, 동시에 학업을 게을리해서는 안 된다. 학업 성취는 졸업 이후 진로 선택의 기반이 되기 때문이다.	중심 문장 제시(통일성) → 논리 전개(일관성) → 결론 강조(강조성)로 완성

편의 글은 여러 문단이 연결되어 완성된다. 따라서 각 문단이 어떤 관계를 맺고 있는지에 따라 글 전체의 통일성과 논리성이 달라진다. 문단과 문단 사이의 관계를 고려하지 않고 떠오르는 대로 글을 전개하면, 전체 주제가 흐려지고 독자가 길을 잃기 쉽다.

문단의 기능에 따라 문단 간 관계는 대략 다음과 같은 유형으로 나눌 수 있다.

(1) 일반적 설명과 상술하기

'상술하다'는 "자세히 풀이하여 설명한다"는 뜻이다. 첫 번째 문단에서 일반적인 내용을 제시하고, 두 번째 문단에서 이 내용을 보다 구체적인 정보나 사례로 풀어 주는 구조이다. 상술하는 문단에서는 미리 조사한 자료들을 시간 순서, 공간 순서, 포함 관계 등 일정한 기준에 따라 재배열해 제시한다.

튜링을 인공지능의 아버지, 컴퓨터과학의 창시자라고 하지만 튜링이 컴퓨터를 실제로 제작하지는 않았다. '튜링 기계'는 사실 머릿속에만 존재했고, 튜링은 전쟁 이후 맨체스터대학 연구소에서 ACE(Automatic Computing Engine) 프로젝트를 맡아 이 머릿속의 기계를 현실에 끄집어내려고 했지만 결국 현실의 벽을 넘지 못하고 포기했다. 하지만 그는 오늘날 컴퓨터의 토대가 되는 기본 구조를 제시했고, 엄청나게 복잡해지기는 했어도 현재의 컴퓨터는 기본적으로 모두 튜링 기계이다.

튜링 기계의 기본 구조는 간단하다. 프로그램과 데이터를 저장하는 무한한 메모리와, 앞뒤로 이동하는 메모리의 정보를 읽어내고 출력하는 스캐너로 구성되어 있다. 한없이 긴 종이테이프가 메모리 역할을 하는데, 이 테이프는 칸이 나뉘어 있으며 칸마다 기호를 적어 넣을 수 있다. 작동 방식도 간단해서 스캐너가 놓인 자리의 기호를 인식하면 1을 쓰고 다음 칸으로 옮겨간다. 어디까지나 개념상의 기계이므로 메모리 용량이 무한하다고 가정한다.(즉 테이프의 길이는 끝이 없다. 당시에 반도체 따위가 있었을 리 없으니까.) 정보는 모두 0과 1로 변환되어 스캐너에 입력된다. 놀라운 만큼 간단한 구조지만 메모리가 무한하기 때문에 이론상으로는 아무리 복잡하고 큰 수를 다루는 계산이라도 거뜬히 해내고(단 계산이 언제 끝날지는 묻지 마시라), 어떤 정보든 0과 1로 변환하여 입력할 수 있어서 어떤 프로그램을 탑재하느냐에 따라(적절한 지시가 적힌 테이프를 집어넣기만 하면) 어떤 작업이라도 해낼 수가 있다. 그렇기때문에 '보편 기계'라고도 부른다.

— 송은수, 『당신은 왜 인간입니까』, 웨일북, 2019, 46~47쪽.

첫 번째 문단은 '튜링 기계'라는 개념을 중심으로 튜링의 업적을 개괄적으로 설명하고, 두 번째 문단은 그 구조와 작동 방식을 자세히 상술하고 있다.

(2) 요약과 자신의 견해 쓰기

논문이나 보고서를 쓸 때는 먼저 관련 연구나 기존 논의를 검토하는 과정을 거친다. 이때 기존 연구를 읽고 요약하는 작업이 필요하다. 요약 문단에서는 핵심 주장과 근거, 연구의 한계를 간단히 정리하고, 자신의 글이 이 논의와 어떤 관련을 맺는지 밝힌다. 이어지는 문단에서는 앞에서 요약한 내용을 바탕으로 자신의 견해를 제시한다.

심리학자 스티븐 핑커(Steven Pinker)는 폭력성의 역사를 살핀 책『우리 본성의 선한 천사』에서 미국의 예를 들어 체벌 찬성률은 살인율과 궤적이 같다고 설명했다. 체벌을 용인하는 하위문화가 성인의 극단적 폭력도 부추긴다는 뜻이다. 유엔아동권리위원회가 체벌 근절이 '사회에서 모든 형태의 폭력을 줄이고 방지하기 위한 핵심전략'이라고 강조하는 것도 그런 맥락에서다.

폭력을 은폐한 통념은 이전에도 많았다. '북어와 여자는 사흘에 한 번씩 두들겨야 한다'라는 끔찍한 말을 사람들이 아무렇지도 않게 떠들던 때가 오래전 일이 아니다. 이제 우리 사회는 적어도 여성에 대한 그런 폭력을 애정이라는 이름으로 은폐하려고 애쓰지 않는 정도까지는 왔다. 그런데 아이에 대해서만은 그렇지 않다. 애정, 훈육 등 통념의 미명하에 관계의 폭력이 용인되는 최후의 식민지, 거기에 아이들이 있다.

— 김희경,『이상한 정상가족』, 동아시아, 2022, 45쪽.

첫 번째 문단은 핑커의 주장을 요약하고, 두 번째 문단은 우리 사회 현실에 빗대어 필자의 견해를 덧붙인 것이다. 이처럼 기존 논의를 요약한 뒤 자신의 입장을 전개하면, 글의 논리적 기반을 분명히 할 수 있다.

(3) 문제 제시와 해결 방안 쓰기

한 문단에서는 문제를 제기하고 다음 문단에서는 그 해결 방안을 제시하는 방식이다. 이 구조는 논증 과정을 드러내고, 독자를 설득하는 데 유용하다.

> 마을마다 다양한 모임과 활동의 장(場)이 있기는 하다. 아쉬운 점은, 경제적 여유가 없거나 몸이 불편하거나 학력이 낮은 이들에게는 진입 장벽이 느껴진다는 것이다. 부지불식간에 형성되는 폐쇄성을 극복하는 것도 중요하다. 경로당을 예로 들어보자. 어느 마을에든 마련되어 있는 경로당은 노인들이 가장 접근하기 쉬운 사랑방이지만, 이용자가 점점 줄어들면서 '고령화'되고 있다. 고질적인 '텃세'를 극복하지 못하기 때문이다. 소수 핵심 관계자들끼리 배타적인 운영을 하다 보니 새로운 주민이 합류하기 어렵고, 구태의연한 프로그램을 반복하다 보니 '젊은 노인'들이 가지 않는다.
>
> 경로당은 매력적인 공간으로 변신할 수 있을까. 노년층으로 편입되기 시작하는 베이비부머가 가고 싶은 경로당은 어떤 모습일까. 노인들만 머무는 정체된 공간이 아니라 여러 세대가 다 같이 어울리는 역동적인 장소가 되면 좋겠다. 다행히 최근에 '개방형 경로당'이라는 모델이 다양하게 실험되고 있다. 예를 들어 어린이집 아이들이 경로당에 가서 전래 놀이를 배우고 동네 텃밭에 나가 함께 작물을 가꾼다. 고등학생들이 어르신들을 위한 프로그램을 기획하고 운영하는 사례도 있다. 노년의 경륜과 지혜, 젊은이의 열정과 호기심이 시너지를 일으키는 마을을 즐겁게 상상하게 해준다.
>
> 김찬호,『대면 비대면 외면』, 문학과지성사, 2022, 224쪽.

첫 번째 문단이 마을 공동체 안에서 발생하는 문제를 제시하고, 두 번째 문단은 '개방형 경로당'이라는 새로운 모델을 해결 방안의 예로 제시하고 있다. 이처럼 문제와 대안을 짝지어 서술하면 글의 목적과 방향이 뚜렷해진다.

2. 글쓰기의 과정

글쓰기는 단순히 문장을 만드는 기술이 아니라, 생각을 구성하고 의미를 창조하는 사고의 과정이다. 사람은 글을 쓰는 행위를 통해 자신의 생각을 명료하게 정리하고, 타인과 소통하며, 세계를 인식하고 해석한다. 따라서 글쓰기는 결과물이 아니라 과정이며, 사고가 언어로 구체화되는 성장의 여정이라 할 수 있다.

좋은 글은 한 번에 완성되지 않는다. 글은 생각의 형성에서 표현, 수정에 이르는 여러 단계의 과정을 거치며 점점 정제된다. 글쓰기의 전체 과정은 일반적으로 구상하기, 쓰기, 고쳐쓰기의 세 단계로 구분할 수 있다. 이 세 단계는 일정한 순서를 따르지만, 실제 글쓰기에서는 순환적이다. 구상하면서 이미 쓰기가 이루어지고, 쓰는 중에도 고쳐쓰기가 일어나며, 고쳐쓰기를 통해 다시 생각이 정리된다. 즉, 글쓰기는 완결된 작업이 아니라 사고가 계속 진화해 가는 순환의 과정이다.

1) 구상하기

글쓰기의 출발점은 구상하기이다. 구상하기는 글의 방향을 세우고, 전체 구조를 계획하며, 글의 목적과 독자를 설정하는 단계이다. 이 단계에서는 '무엇을 쓸 것인가', '왜 쓰는가', '누구를 위해 쓰는가', '어떻게 쓸 것인가'에 대한 기본적인 판단이 이루어진다. 구상이 충분히 이루어지지 않으면 글의 중심이 흔들리고, 글은 쉽게 산만해진다. 따라서 구상하기는 글쓰기의 첫걸음이자 가장 중요한 준비 단계라 할 수 있다.

주제는 글의 중심축이다. 글을 구성하는 모든 문장과 문단은 주제를 향해 정렬되어야 한다. 주제가 모호하면 글의 초점이 흐려지고, 내용이 중구난방으로 흩어진다. 좋은 주제는 명확하고 구체적이며, 독자의 관심과 필자의 목적이 교차하는 지점에 있어야 한다. '대학생활의 어려움'처럼 포괄적인 주제보다는 '기숙사 생활에서 발생하는 갈등의 원인과 해결 방법'처럼 한정된 주제가 글의 집중도를 높인다. 주제는 글의 출발점이자 방향을 제시하는 나침반이기 때문이다.

글은 언제나 누군가를 향한 메시지이다. 글쓰기의 목적과 독자를 고려하는 일은 구상 단계의 핵심이다. 글의 목적이 정보 전달인지, 설득인지, 감동인지에 따라 표현 방식과 어조가 달라진다. 또한 글의 독자가 누구인지에 따라 문체와 어휘 수준, 구체성의 정도가 달라진다. 예를 들어 같은 주제를 다루더라도 친구에게 쓰는 글과 공식 보고서는 문체와 표현이 전혀 다를 수밖에 없다. 그러므로 따라서 글을 쓰기 전에 '이 글을 누구에게, 왜 쓰는가'를 분명히 하는 것이 필요하다.

구상 단계에서는 아이디어를 자유롭게 확장하는 과정도 포함된다. 브레인스토밍을 통해 주제와 관련된 단어를 자유롭게 떠올리고, 마인드맵을 이용하여 생각을 시각적으로 확장할 수 있다. 또는 육하원칙을 적용해 주제와 관련된 세부 요소를 구체화할 수도 있다. 중요한 것은 이 단계에서 생각을 제한하지 않는 것이다. 논리적이지 않아도 괜찮고, 일시적으로 엉뚱해 보이는 생각도 괜찮다. 생각의 폭을 넓히는 것이 구상의 본질이기 때문이다.

아이디어가 충분히 수집되면 글의 설계도를 그려야 한다. 개요는 글 전체의 구조를 미리 계획하는 단계로, 글의 논리적 흐름을 유지하게 해 준다. 일반적으로 개요는 서론, 본론, 결론의 3단 구조를 기본으로 한다. 서론에서는 주제를 제시하고 문제의식을 드러내며, 본론에서는 근거와 예시를 통해 논리를 전개한다. 결론에서는 내용을 요약하고 주제를 강화하거나 새로운 통찰을 제시한다. 개요는 글의 전체 방향을 제시하는 나침반 역할을 한다.

이처럼 구상하기는 글을 쓰기 위한 준비이자 사고의 정리 단계이다. 충분한 구상이 이루어진 글은 방향이 분명하고 전개가 자연스럽다. 구상하기를 소홀히 하면 글의 중심이 흔들리고, 논리의 일관성이 깨진다. 따라서 구상은 글쓰기의 반이라고 할 만큼 중요하다.

2) 쓰기

쓰기는 구상한 생각을 언어로 구체화하는 과정이다. 이 단계에서 글은 비로소 형태를 갖추게 된다. 하지만 쓰기란 단순히 문장을 나열하는 일이 아니다. 쓰기는 생각을 구성하고 논리를 전개하며 의미를 드러내는 창조의 과정이다. 글을 잘 쓰는 사람은 처음부터 완벽한 문장을 쓰는 사람이 아니라, 생각을 멈추지 않고 끝까지 써내려가는 사람이다.

초고를 쓸 때 가장 중요한 것은 완벽함에 대한 집착을 버리는 일이다. 처음부터 완벽한 문장을 만들려고 하면 글의 흐름이 끊기고 사고가 멈춘다. 초고는 사고의 흐름을 밖으로 드러내는 작업이므로 문법적 완벽함보다 내용의 전개와 논리적 방향성이 더 중요하다. 따라서 쓰기 단계에서는 일단 멈추지 않고 써 내려가는 것이 가장 중요하다. 초고를 다 쓴 뒤에는 언제든 고쳐 쓸 수 있다.

글은 서론, 본론, 결론의 기본 구조를 가진다. 서론은 주제를 제시하고 글의 방향을 알려주는 부분이다. 독자의 관심을 끌되, 글의 목적과 초점을 분명히 밝혀야 한다. 본론은 글의 핵심이 전개되는 부분으로, 논리적 근거와 구체적 예시를 통해 주제를 발전시켜야 한다. 문단 간의 연결이 매끄럽고 논리적 일관성이 유지되어야 한다. 결론에서는 글 전체를 요약하면서 주제를 다시 강조하거나, 글의 논의를 새로운 관점으로 확장한다.

문단은 글의 기본 단위이며, 하나의 문단에는 하나의 중심 생각이 있어야 한다. 문단의 첫 문장은 주제문으로 문단의 핵심 내용을 제시하고, 이어지는 문장들은 그 주제문을 근거와 예시로 뒷받침한다. 마지막 문장은 문단의 내용을 정리하거나 다음 문단으로 자연스럽게 연결하는 역할을 한다. 문단이 균형 있게 구성될 때 글 전체의 구조가 안정되고 읽는 이의 이해도 높아진다.

글의 전개 방식에는 시간 순서, 공간 순서, 점층식, 대조식, 문제 해결식 등이 있다. 시간 순서 전개는 사건이 일어난 순서대로 전개하는 방식으로, 서사문에서 주로 사용된다. 공간 순서 전개는 대상을 공간적 위치나 방향에 따라 묘사하는 방식으로, 묘사문에 적합하다. 점층식 전개는 약한 주장에서 강한 주장으로 나아가는 방식이고, 대조식 전개는 서로 다른 입장이나 대상을 대비하여 의미를 강조하는 방식이다. 문제 해결식 전개는 논설문에서 자주 활용되며, 문제를 제시하고 원인을 분석한 뒤 해결책을 제시하는 구조를 갖는다. 전개 방식의 선택은 글의 목적과 내용에 따라 달라질 수 있으며, 한 편의 글 안에서도 여러 방식을 혼합해 사용할 수 있다.

쓰기 단계에서 중요한 것은 문단의 논리적 연결이다. 문단이 서로 단절되어 있으면 글의 흐름이 끊어지고 독자가 내용을 따라가기 어렵다. 따라서 접속어를 적절히 활용하고, 문단의 첫 문장에 앞 문단의 내용을 간단히 연결해 주면 글의 흐름이 자연스러워진다. 또한 문장을 쓸 때는 가능한 한 구체적이고 명료한 표현을 사용하는 것이 좋다. 추상적인 말보다 실제적인 예시가 독자의 이해를 돕는다.

쓰기 단계의 핵심은 '완성보다 흐름'이다. 글은 쓰면서 생각이 정리되고, 쓰는 과정 속에서 새로운 아이디어가 떠오른다. 따라서 글을 잘 쓰기 위한 첫걸음은 '끝까지 쓰는 것'이다. 완벽하지 않아도 좋다. 일단 쓰고 나서 고쳐 쓰는 것이 글쓰기의 본질이다.

3) 고쳐쓰기

글을 쓰는 사람에게 가장 중요한 것은 고쳐 쓰는 능력이다. 고쳐쓰기는 글을 완성시키는 마지막 단계이자, 가장 창의적인 사고의 단계이다. 많은 사람들은 글쓰기가 끝나면 그것으로 마무리된다고 생각하지만, 실제로 좋은 글은 대부분 고쳐 쓰기를 통해 완성된다. 글을 고친다는 것은 단순히 문법을 다듬는 일이 아니라, 자신의 사고를 다시 정리하고 표현을 세련되게 다듬는 일이다.

고쳐쓰기의 첫 단계는 구조 점검이다. 글 전체의 논리적 흐름을 검토하고, 서론, 본론, 결론의 연결이 자연스러운지 확인해야 한다. 논리의 비약이 있거나 중복된 부분은 수정하고, 불필요한 문장은 과감히 삭제해야 한다. 중심 주제에서 벗어난 내용이 있다면 반드시 제거해야 한다. 고쳐쓰기는 글을 단순히 '예쁘게' 만드는 일이 아니라, 글의 '핵심'을 분명하게 드러내는 일이다.

두 번째 단계는 문장의 다듬기이다. 문장은 글의 얼굴이다. 문장의 길이와 리듬을 조절하고, 불필요한 반복을 줄이며, 모호한 표현을 구체화해야 한다. '좋다', '괜찮다'와 같은 막연한 표현보다 '효과적이다', '유익하다'와 같은 구체적 표현이 글의 명확성을 높인다. 또한 짧은 문장과 긴 문장을 적절히 섞으면 글의 리듬감이 살아난다. 문장 간의 논리적 연결을 강화하기 위해 접속어를 적절히 사용하는 것도 중요하다.

세 번째는 문체의 일관성을 유지하는 것이다. 학문적 글쓰기는 객관적이고 논리적인 문체를 유지해야 하며, 감성적 글쓰기는 정서적이고 서정적인 문체를 선택할 수 있다. 그러나 어떤 글이든 문체가 일정하지 않으면 독자는 글의 흐름을 따라가기 어렵다. 한 편의 글에서는 문체와 어조를 일관되게 유지하는 것이 바람직하다.

고쳐쓰기는 또한 자기 점검과 피드백의 과정이다. 글쓴이는 자신의 글을 스스로 읽으며, 독자의 입장에서 이해하기 쉬운지 확인해야 한다. 필요하다면 다른 사람에게 글을 보여 주고 피드백을 받는 것도 효과적이다. 다른 사람의 시선은 글의 약점을 발견하게 해 주며, 새로운 개선점을 제시한다.

고쳐쓰기는 여러 번 반복되어야 한다. 한 번의 수정으로는 글이 완성되지 않는다. 보통 내용 수정, 표현 수정, 형식 수정의 단계를 거친다. 내용 수정에서는 주제와 논리의 타당성을 검토하고, 표현 수정에서는 문장과 어휘의 자연스러움을 점검한다. 형식 수정에서는 문법, 맞춤법, 띄어쓰기 등의 오류를 교정한다. 이러한 반복적인 고쳐쓰기 과정을 통해 글은 점차 다듬어지고 완성도 높은 형태로 발전한다.

결국 고쳐쓰기는 단순한 기술이 아니라 사고의 성찰 과정이다. 글을 고친다는 것은 표현을 바꾸는 것이 아니라 생각을 다시 세우는 일이다. 고쳐쓰기를 통해 글쓴이는 자신의 사고를 더 깊이 탐구하고, 자신이 하고 싶은 말을 더 명확히 인식하게 된다. 글을 고친다는 것은 곧 자신을 성장시키는 일이며, 글쓰기를 통해 사고의 깊이를 넓히는 가장 확실한 방법이다.

글을 쓴다는 것은 결국 자신과의 대화이자 타인과의 소통이다. 글을 통해 사람은 자신의 생각을 외부로 드러내고, 세상과 의미를 주고받으며, 자신을 더 깊이 이해하게 된다. 글쓰기를 배운다는 것은 단지 기술을 익히는 것이 아니라, 사고의 힘을 기르고 인간으로서의 표현 능력을 확장하는 일이다. 글은 생각을 담는 그릇이자, 생각을 자라게 하는 도구이다.

따라서 글쓰기를 잘한다는 것은 곧 사고의 깊이가 단단해지고, 표현이 정제되며, 자기 자신을 이해하는 능력이 확장된다는 것을 의미한다. 글쓰기는 결과가 아니라 과정이며, 그 과정을 통해 사고는 성숙해지고 자신은 성장한다.

제3장 글의 구조와 전개방식

1. 글의 구조

글쓰기는 단어와 문장, 문단이라는 기본 단위 위에 세워지는 종합적인 사고의 표현이다. 글 한 편은 단어의 선택, 문장의 구성, 문단의 조직을 넘어 전체 구조 속에서 의미를 형성한다. 글의 구조는 사고를 체계적으로 배열하고 논리를 조율하는 틀이며, 전개 방식은 그 틀 안에서 생각을 풀어내는 전략이다. 즉, 글의 구조와 전개 방식은 글이 '어떻게 말하는가'를 결정하는 핵심 요소이다. 글쓰기의 구조가 탄탄할수록 글은 명확해지고, 전개 방식이 적절할수록 글은 설득력을 가진다. 따라서 글을 쓴다는 것은 단순히 문장을 나열하는 행위가 아니라, 사고를 논리적으로 조직하는 과정이며, 글의 구조와 전개 방식을 이해하고 활용하는 능력은 대학 글쓰기에서 가장 중요한 역량 중 하나이다.

글의 구조는 글의 전체적인 뼈대이자, 사고를 질서 있게 배열하기 위한 논리적 틀이다. 논리적인 글은 대체로 서론, 본론, 결론의 3단 구조를 따른다. 서론은 글의 방향을 제시하고, 본론은 핵심 내용을 구체적으로 전개하며, 결론은 전체 내용을 정리하고 주제를 강화한다. 이 세 구조는 각각 독립적인 기능을 가지지만, 동시에 유기적으로 연결되어 하나의 의미 체계를 형성한다. 따라서 글의 구조를 이해한다는 것은 단순히 형식을 익히는 것이 아니라, 글의 논리적 사고 체계를 익히는 일이다. 글을 구성하는 세 부분이 균형을 이루지 못하면 글은 불균형하게 읽히며, 서론이 길고 본론이 약하거나 결론이 모호할 경우 논지는 쉽게 흐트러진다. 반면에, 구조가 명확한 글은 독자가 자연스럽게 사고의 흐름을 따라가도록 안내한다.

1) 서론의 구성과 기능

서론은 글의 첫 장면이자 독자와 마주하는 입구에 해당한다. 서론의 역할은 글의 주제를 제시하고 필자의 관점을 밝히며, 독자가 글에 진입할 수 있도록 방향을 설정하는 데 있다. 좋은 서론은 장황하지 않으면서도 핵심을 명확히 드러내며, 독자가 앞으로 읽게 될 내용의 성격을 미리 가늠할 수 있도록 돕는다.

서론의 구성은 일반적으로 배경 제시, 문제 제기, 주제문 제시의 순서를 따른다. 먼저 배경 제시는 글이 다루는 주제를 둘러싼 상황과 맥락을 간결하게 설명하여 글을 시작할 필요성을 드러낸다. 이어지는 문제 제기는 독자에게 '왜 이 글을 읽어야 하는가'를 질문 형식 혹은 문제 현상의 제시를 통해 인식시키는 단계이다. 마지막으로 주제문은 필자의 입장, 논지, 중심 명제를 하나의 문장으로 명확하게 제시하는 부분으로, 이후 전개될 글의 방향을 결정짓는 나침반과 같다.

예를 들어, 청소년의 스마트폰 사용에 대해 논하고자 한다면 "청소년의 스마트폰 사용이 급증하고 있다"는 사실을 배경으로 설정하고, "집중력 저하와 수면 부족 같은 부작용이 나타난다"는 문제를 제시한 뒤, "따라서 스마트폰 사용은 일정하게 제한될 필요가 있다"는 주장을 서론의 마지막에 배치할 수 있다. 이러한 구성은 독자가 글의 목적과 논점을 명확하게 파악하도록 돕고, 본론으로 이어지는 논리적 기반을 마련한다. 서론은 단순한 도입이 아니라 글 전체의 뼈대를 세우는 단계이며, 서론이 단단할수록 글의 논리는 흔들리지 않는다.

2) 본론의 구성과 기능

본론은 글의 중심이자 논리의 핵심 부분이다. 본론에서는 서론에서 제시한 주제나 주장을 구체적인 근거와 예시, 자료를 통해 논리적으로 뒷받침해야 한다. 따라서 본론은 주로 '주장 → 근거 → 예시 → 분석'의 흐름으로 구성되며, 각 문단은 논리적으로 연결되어 하나의 전체 논지를 형성해야 한다. 또한 각 단락은 하나의 소주제를 중심으로 구성되고, 문단 간에는 자연스러운 전환이 이루어져야 한다. 본론이 충실하지 않으면 서론에서 제시한 문제 의식은 공허한 선언에 그치게 된다. 그러므로 본론에서는 충분한 자료와 타당한 논리를 바탕으로 주장을 설득력 있게 발전시킬 필요가 있다.

본론의 전개 방식에는 연역적 전개와 귀납적 전개가 있다. 연역적 전개는 일반적인 명제나 원리를 제시한 후 구체적인 근거와 예를 들어 설명하는 방식으로, 논리적 명확성이 높다. 예를 들어, "스마트폰의 과다 사용은 청소년의 학습 효율을 저하시킨다. 여러 연구 결과에 따르면 하루 4시간 이상 스마트폰을 사용하는 학생은 집중력과 기억력이 떨어지는 것으로 나타났다."와 같은 글은 연역적 전개를 따른다. 반면 귀납적 전개는 개별 사례나 사실을 제시한 뒤, 이를 종합하여 일반적인 결론에 도달하는 방식이다. "스마트폰 사용이 늘어난 이후 수면 부족과 피로감을 호소하는 청소년이 증가했다. 또, 수업 시간 집중력이 떨어지고 학습 성취도가 낮아지는 현상이 보고되었다. 이러한 사례들을 보면, 스마트폰의 과도한 사용은 청소년의 발달에 부정적 영향을 미친다."는 귀납적 전개의 예이다.

좋은 본론은 근거와 예시를 단순히 나열하는 데 그치지 않고, 이들을 논리적 관계로 엮어 낸다. 인과관계, 비교와 대조, 문제-해결과 같은 다양한 논리 구조를 활용함으로써 사고의 흐름을 명확하게 드러낼 수 있다. 또한 본론의 각 문단은 중심 생각을 뒷받침하면서, 서로 유기적으로 연결되어야 한다. 문단 간 전환이 매끄럽지 않으면 독자는 글의 흐름을 따라가기 어렵다. 따라서 "이와 같은 이유로", "반면에", "따라서"와 같은 연결어를 적절히 사용하여 논리적 일관성을 유지하는 것이 중요하다.

3) 결론의 구성과 기능

결론은 글을 마무리하면서 전체의 의미를 응축하는 부분이다. 결론의 기능은 본론에서 전개한 내용을 요약하고, 필자의 주장을 다시 강조하며, 독자에게 인상 깊은 마무리를 남기는 것이다. 결론은 새로운 논점을 도입하기보다 이미 전개된 내용을 바탕으로 주제의 중요성을 재확인해야 한다. 즉, 결론은 '요약-강조-확장'의 세 단계를 거쳐 완성된다. 요약은 본론의 핵심 내용을 간결하게 되짚는 것이고, 강조는 글의 중심 주장을 다시 한번 부각시키는 것이며, 확장은 주제의 의미를 넓히거나 앞으로의 방향을 제시하는 것이다.

예를 들어, "청소년의 스마트폰 사용은 일상의 일부가 되었지만, 그로 인한 부정적 영향 또한 무시할 수 없다. 따라서 일정한 사용

제한과 교육이 필요하다. 가정과 학교가 협력하여 구체적인 지침을 마련한다면, 스마트폰은 해가 아닌 학습과 소통의 도구가 될 수 있을 것이다."와 같은 결론은 전체 논지를 압축하면서도 여운을 남긴다. 결론은 단순한 요약이 아니라, 글의 의미를 완결시키는 마지막 논리적 매듭이다. 결론이 명확해야 글이 통일감을 가지며, 글을 읽은 독자가 메시지를 분명히 인식하게 된다.

2. 글의 전개 방식

글의 전개 방식은 글의 구조 안에서 사고를 어떻게 풀어나갈 것인가에 대한 논리적 전략이다. 서론·본론·결론이 글의 틀이라면, 전개 방식은 그 틀 안에서 논리를 전개하는 사고의 흐름이라 할 수 있다. 글의 전개 방식은 글의 목적, 주제의 성격, 독자의 수준에 따라 달라질 수 있으며, 글의 설득력과 논리적 완성도를 결정짓는 핵심 요소이다.

전개 방식은 글쓴이가 자신의 생각을 조직적으로 표현하도록 돕고, 독자가 내용을 이해하고 수용하는 과정을 안내한다. 글의 내용이 아무리 풍부하더라도 논리적 전개가 체계적이지 않으면 글은 설득력을 잃는다. 따라서 글의 전개 방식은 단순히 글을 나열하는 것이 아니라, 사고의 질서를 세우는 것이다. 일반적으로 글의 전개 방식에는 연역과 귀납, 비교와 대조, 인과 관계, 문제-해결, 복합 전개 방식이 있다.

1) 연역과 귀납 전개

연역과 귀납은 글의 논리를 전개하는 가장 기본적인 두 가지 사고 방식이다. 연역적 전개는 일반적인 원리나 주장을 먼저 제시한 뒤, 이를 뒷받침하는 근거와 사례를 제시하는 방식으로, '일반에서 구체로' 전개되는 논리이다. 반대로 귀납적 전개는 구체적인 사실이나 사례를 제시한 후 이를 종합하여 일반적인 결론에 이르는 방식으로, '구체에서 일반으로' 전개된다. 두 전개 방식은 사고의 방향은 다르지만, 모두 글의 논리적 설득력을 높이는 핵심적 구조이다.

연역적 전개는 주장을 먼저 제시한 뒤 그 근거를 논리적으로 증명하는 데 효과적이다. 예를 들어 "운동은 신체적 · 정신적 건강에 긍정적인 영향을 준다. 규칙적인 운동은 심폐 기능을 강화하고 스트레스를 줄이며, 꾸준한 신체활동은 면역력을 높이고 자존감을 향상시킨다."라는 문장은 '운동이 건강에 좋다'는 일반 명제를 제시한 뒤, 그 이유를 구체적으로 제시하는 연역적 전개의 예이다. 이 방식은 논리의 방향이 분명하여 학술적 글쓰기나 논설문에서 자주 활용된다.

귀납적 전개는 여러 사례를 통해 결론에 이르도록 구성함으로써, 독자가 글쓴이의 주장에 자연스럽게 동의하도록 돕는다. 예를 들어 "운동을 꾸준히 하는 사람은 피로감이 적고, 수면의 질이 높으며, 스트레스 지수가 낮다. 이러한 사실로 보아 운동은 건강 증진에 중요한 역할을 한다."라는 문장은 구체적 사실을 제시한 뒤 결론으로 귀결되는 귀납적 전개의 전형적인 예이다.

연역은 논리적 명확성에, 귀납은 경험적 설득력에 강점을 지닌다. 따라서 글의 목적과 독자의 특성에 따라 두 방식을 구분하여 사용하거나, 필요에 따라 적절히 결합하는 것이 바람직하다. 예를 들어 학술 보고서에서는 연역적 전개를 중심으로 논리를 구성하되, 구체적인 사례 제시를 통해 귀납적 설득을 보완할 수 있다.

결국 연역과 귀납은 서로 대립되는 방식이 아니라 상호 보완적인 구조이며, 글의 주제와 목적, 독자의 수준에 맞게 조화롭게 활용하는 것이 논리적 글쓰기의 핵심이라 할 수 있다.

2) 비교와 대조 전개

비교와 대조는 두 개 이상의 대상이나 개념, 현상을 나란히 놓고 공통점과 차이점을 분석하는 전개 방식이다. 비교는 공통점을 중심으로, 대조는 차이점을 중심으로 설명한다. 이 방식은 복잡한 개념을 명확히 구분하거나, 여러 대안의 장단점을 검토할 때 효과적이다.

예를 들어 "온라인 수업은 시간과 장소의 제약이 적어 접근성이 높다. 반면 대면 수업은 즉각적인 피드백이 가능하고 학습 집중도가 높다."라는 문장은 비교와 대조를 결합한 전형적인 예이다. 두 대상을 병렬적으로 제시함으로써 각각의 특징과 장점을 명확히 드러내고 있다.

비교와 대조의 전개를 사용할 때는 비교 기준을 명확히 설정해야 한다. 기준이 불분명하면 단순한 나열로 끝나거나 논리적 설득력이 떨어지기 쉽다. 예를 들어 "고양이와 개는 다르다."라는 문장은 막연한 비교에 머무르지만, "고양이는 독립적인 성향을 보이는 반면, 개는 사회적 상호작용을 선호한다."라고 하면 명확한 비교 기준인 성향을 제시함으로써 설득력을 높일 수 있다.

학문적 글쓰기에서는 비교와 대조가 특히 유용하다. 예를 들어 “행동주의 학습이론은 관찰 가능한 행동의 변화를 중시하지만, 인지주의 학습이론은 사고 과정과 내적 구조를 강조한다.”라는 문장은 이론 간의 차이를 대조적으로 제시하면서 두 접근의 본질적 차이를 드러낸다.

비교와 대조는 독자로 하여금 사고의 폭을 넓히고 균형 잡힌 판단을 내리게 하는 사고의 틀을 제공한다. 따라서 글쓴이는 비교의 목적을 분명히 하고, 공정하고 균형 있는 시각으로 두 대상을 다루어야 한다. 마지막으로 비교 결과를 요약하거나 평가적 판단을 덧붙이면 글의 완성도와 통찰력이 더욱 높아진다.

3) 인과관계 전개

인과관계의 전개는 사건이나 현상의 원인과 결과를 논리적으로 연결하여 설명하는 방식이다. 글쓴이는 특정 현상이 왜 발생했는지, 그로 인해 어떤 변화가 일어났는지를 분석함으로써 독자가 현상의 원리를 이해하도록 돕는다. 인과관계를 중심으로 전개된 글은 사고의 논리적 구조를 명확히 드러내며, 글의 설득력을 높인다.

인과관계의 전개는 두 가지 방향으로 이루어진다. 첫째, 원인에서 결과로 나아가는 정인과(正因果) 구조이다. 예를 들어 “청소년의 수면 부족은 집중력 저하를 유발하고, 이로 인해 학업 성취도가 낮아진다.”라는 문장은 전형적인 정인과의 예이다. 수면 부족이라는 원인이 집중력 저하와 성취도 하락이라는 결과를 낳는 흐름이 명확하게 드러난다.

둘째, 결과에서 원인을 추론하는 역인과(逆因果) 구조이다. 예컨대 “학업 성취도가 낮은 이유는 수면 부족 때문이다.”라는 문장은 결과로부터 원인을 찾아가는 사고 과정을 보여준다. 이러한 전개는 독자가 결과의 배경을 논리적으로 이해하게 하며, 문제 분석이나 연구 보고서 등에서 자주 사용된다.

인과관계를 다룰 때는 원인과 결과의 타당성을 신중히 검토해야 한다. 단순히 시간적으로 앞선 일이 반드시 원인이 되는 것은 아니기 때문이다. 예를 들어 ‘비가 온 뒤 도로가 젖었다’는 타당한 인과이지만, ‘도로가 젖어서 비가 왔다’라고 하면 인과가 뒤바뀐 잘못된 추론이 된다. 또한 하나의 결과가 여러 요인에 의해 나타나는 복합 인과, 혹은 결과가 다시 원인이 되는 순환 인과처럼 복잡한 관계를 고려할 필요도 있다.

인과관계의 전개는 설명문, 논설문, 보고서 등 모든 학술적 글쓰기의 핵심 논리 구조로 활용된다. 원인과 결과의 관계를 명확히 제시하면 글의 일관성이 강화되고, 주장의 근거가 체계적으로 제시되어 설득력이 높아진다.

4) 문제-해결 전개

문제-해결의 전개는 글에서 다루는 주제나 현상을 문제의 발견과 해결의 과정으로 조직하는 방식이다. 글쓴이는 먼저 문제 상황을 제시하고, 그 원인을 분석한 뒤 구체적이고 현실적인 해결 방안을 제시한다. 이러한 전개는 독자에게 사고의 방향을 제시하고, 글의 목적을 명확히 드러내는 효과가 있다.

문제-해결의 글은 일반적으로 문제를 제기하고 원인을 분석한 뒤 해결 방안을 제시하고 결론을 요약하는 단계로 구성된다. 우선 문제를 제기할 때는 '왜 이 문제가 중요한가', '이 문제로 인해 어떤 어려움이 발생하는가'를 구체적으로 보여주어야 한다. 문제 제시가 추상적이면 글의 방향이 모호해지고, 독자의 공감을 얻기 어렵다.

예를 들어 "대학생의 취업난이 심화되고 있다. 이는 전공과 직무 간의 불일치, 경력 부족, 경기 침체 등의 요인 때문이다. 이러한 문제를 해결하기 위해 대학은 실무 중심의 교육을 강화하고, 정부는 청년 고용 지원 정책을 확대해야 한다."라는 문장은 문제 제시, 원인 분석, 해결 방안이 논리적으로 연결된 예이다. 문제 상황을 인식한 뒤, 원인을 구체적으로 진단하고, 실현 가능한 대안을 제시함으로써 글의 논리적 완결성을 높이고 있다.

문제-해결 전개에서 가장 중요한 것은 문제의 구체성과 해결 방안의 실현 가능성이다. 막연한 비판이나 추상적인 제안은 글의 신뢰도를 떨어뜨린다. 예를 들어 "대학생의 스트레스가 문제다. 모두 긍정적으로 생각해야 한다."와 같은 진단은 현실적이지 않다. 반면 "대학생의 주요 스트레스 요인은 과중한 과제와 진로 불안이다. 이를 완화하기 위해 대학 차원의 상담 프로그램과 시간 관리 교육이 필요하다."는 구체성과 타당성을 모두 갖춘 해결 방안이다.

문제-해결의 전개는 비판적 사고와 창의적 사고를 동시에 요구한다. 글쓴이는 단순히 문제를 제시하는 데 그치지 않고, 그 배경과 구조를 분석하며 현실적으로 적용 가능한 대안을 제시해야 한다. 이러한 사고 과정은 글을 단순한 진술이 아니라 '사회적 실천'으로 확장시킨다.

이 전개 방식은 논설문, 보고서, 제안서, 정책 문서 등 실용적 글쓰기에서 특히 자주 활용된다. 또한 대학생의 학술적 글쓰기에서는 사회 문제, 교육 문제, 환경 문제 등 다양한 주제에서 적용할 수 있다. 문제를 인식하고 해결책을 설계하는 사고 훈련은 글쓰기뿐 아니라 실제 삶의 문제 해결 능력으로 확장된다.

결국 문제-해결의 전개는 비판적 시각에서 현실을 바라보는 힘과 창의적 사고를 통해 대안을 제시하는 능력을 동시에 키워주는 글쓰기 방식이다. 주제의 맥락을 정확히 파악하고, 실천 가능한 방안을 제시할 때 비로소 글은 설득력을 가지며, 독자는 글쓴이의 사고 과정을 신뢰하게 된다.

5) 복합 전개

복합 전개 방식은 하나의 글 안에서 둘 이상의 전개 방식을 결합하여 사용하는 구조이다. 현실의 문제나 주제는 단일한 원인이나 관점으로 설명하기 어렵기 때문에, 글의 성격과 목적에 따라 여러 전개 방식을 유기적으로 조합하는 것이 효과적이다. 복합 전개는 글의 논리적 깊이를 더하고, 사고의 다층성을 드러내는 데 유용하다.

예를 들어 "대학생의 스트레스 원인과 대처 방안"이라는 주제를 다룰 때, 글쓴이는 여러 전개 방식을 함께 활용할 수 있다. 먼저 연역적으로 '스트레스는 학업 수행과 정신 건강에 부정적인 영향을 미친다'는 일반 명제를 제시하고, 인과 관계의 전개를 통해 원인(과도한 과제, 진로 불안, 불규칙한 생활 습관)을 분석한다. 이어 문제-해결의 전개를 활용하여 구체적 해결 방안(상담 프로그램 확대, 시간 관리 훈련, 정서 지원 활동)을 제시하면 글의 논리적 설득력이 한층 높아진다. 이처럼 복합 전개는 주제의 복잡성을 다각도로 분석할 수 있게 한다.

복합 전개 방식을 사용할 때에는 중심 구조를 명확히 설정하는 것이 핵심이다. 여러 전개 방식을 무분별하게 혼합하면 글의 논리적 흐름이 흐트러지고 독자는 글의 주제를 파악하기 어려워진다. 따라서 글의 전체 구조를 미리 설계한 뒤, 각 전개 방식이 어떤 역할을 담당할지 분명히 해야 한다. 예를 들어, 중심 논지를 전개하는 데에는 연역적 구조를, 보조 설명에는 비교와 대조를, 구체적 대안을 제시하는 부분에는 문제-해결 방식을 결합하는 식으로 기능의 분담이 필요하다.

복합 전개는 단순한 나열이 아니라 전개 간의 논리적 연계를 전제로 한다. 각 전개는 독립적으로 존재하는 것이 아니라, 서로를 보완하며 글의 중심 논지를 강화해야 한다. 이를 위해 글쓴이는 전개 방식 사이의 연결점을 자연스럽게 이어주는 접속어나 전환 문장을 활용해 흐름을 통합할 필요가 있다. 예를 들어 "앞서 살펴본 원인 외에도, 개인적 요인이 문제의 또 다른 측면을 형성한다."와 같은 문장은 전환을 매끄럽게 만들어 글의 일관성을 유지시킨다.

복합 전개 방식은 학술적 글쓰기, 비평문, 제안서, 보고서 등 거의 모든 글쓰기 유형에서 활용 가능한 고급 구조이다. 특히 대학 글쓰기에서는 하나의 주제를 다양한 논리와 관점으로 분석해야 하므로, 복합 전개 능력은 사고의 폭과 글의 완성도를 좌우한다.

결국 복합 전개 방식은 글을 단순한 주장이나 설명의 수준에서 벗어나 입체적이고 설득력 있는 논증 구조로 발전시킨다. 글의 목적과 주제에 따라 가장 효과적인 전개 방식을 선택하고, 이를 균형 있게 결합하는 능력은 대학 글쓰기에서 요구되는 핵심 역량이다.

[표 3-1] 글의 전개 방식

구 분	핵심 특징	예 시	효 과
연역	일반적인 주장이나 원리를 먼저 제시하고, 그 근거와 사례를 구체적으로 제시하는 방식	"운동은 건강에 좋다 → 심폐 기능 강화, 스트레스 감소, 면역력 향상"	논리적 명확성 확보, 학술적 설득력 강화
귀납	구체적인 사실이나 사례를 제시한 뒤, 이를 종합하여 일반적인 결론을 도출하는 방식	"운동을 꾸준히 하는 사람은 피로가 적고 수면의 질이 높다 → 운동은 건강 증진에 기여한다"	경험적 설득력, 공감 기반의 논리 형성
비교	두 대상의 공통점을 중심으로 유사성을 설명하는 방식	"온라인 수업과 대면 수업 모두 학습 성취를 목표로 한다"	개념의 유사점 파악, 포괄적 이해 촉진
대조	두 대상의 차이점을 중심으로 특징과 대립점을 분석하는 방식	"온라인 수업은 편리하지만, 대면 수업은 즉각적 상호 작용이 가능하다"	개념 구분 명료화, 비판적 사고력 향상
인과 관계	사건이나 현상의 원인과 결과를 논리적으로 연결하여 설명하는 방식	"청소년의 수면 부족 → 집중력 저하 → 학업 성취도 하락"	논리적 일관성 강화, 현상 이해 촉진
문제-해결	문제 제기 → 원인 분석 → 해결 방안 제시의 단계로 구성되는 실천적 구조	"취업난 심화 → 전공 불일치·경험 부족 → 실무 교육 강화 필요"	비판적·창의적 사고력 향상, 실용적 글쓰기 강화
복합	두 가지 이상의 전개 방식을 결합하여 주제를 다각적으로 분석하는 구조	"스트레스 원인 분석(인과) + 대처 방안 제시 (문제-해결)"	사고의 깊이 확장, 글의 설득력 및 완성도 향상

이처럼 글의 전개 방식은 글의 설계이자 사고의 흐름을 조직하는 논리적 틀이다. 글의 내용이 아무리 풍부해도 전개가 체계적이지 않으면 독자는 글쓴이의 의도를 따라가기 어렵다. 글의 전개 방식은 단순한 형식이 아니라 사고의 습관이다. 전개 방식을 의식하며 글을 쓰는 훈련은 사고를 구조화하고, 논리적 글쓰기를 넘어 비판적 사고 능력을 키우는 토대가 된다.

제4장 글쓰기의 실제

1. 학술적 글쓰기

1) 보고서

(1) 보고서 개념 및 목적

보고서는 특정한 주제나 문제를 조사하고 분석한 결과를 체계적으로 정리하여 전달하는 글이다. '보고한다'는 말은 일상적으로 상급자나 관련자에게 상황이나 결과를 알린다는 뜻으로 사용되지만, 대학에서의 보고서는 단순한 결과 전달에 그치지 않는다. 대학 보고서는 주어진 문제를 탐색하고, 관련 자료를 수집·분석하여 얻은 결론을 논리적으로 제시하는 글로서, 사실에 대한 객관적 근거를 바탕으로 논리적 사고와 표현력을 함께 보여주는 학문적 글쓰기를 의미한다. 즉, 보고서는 단순히 정보를 모아 나열하는 것이 아니라, 정보를 통해 "무엇을 알게 되었는가", "왜 그것이 중요한가"를 밝혀주는 글이라 할 수 있다.

대학에서 학생들이 가장 자주 접하는 글쓰기 형태가 바로 보고서이다. 교수자는 강의 주제에 따라 '조사 보고서', '분석 보고서', '제안 보고서', '비평 보고서' 등 다양한 형태의 보고서를 과제로 제시한다. 이러한 과제는 단순히 평가를 위한 활동이 아니라, 학생이 자신의 전공 영역에서 사고하고 표현하는 기초 훈련이자 학문적 사고력을 길러주는 학습 과정이다. 보고서를 쓰는 과정에서 학생은 주어진 문제를 이해하고, 정보를 탐색하며, 이를 분석하고 해석하여 결론을 도출하게 된다. 이러한 과정은 단순한 글쓰기 기술을 넘어, 논리적 사고력, 정보 분석력, 비판적 사고, 그리고 표현 능력을 함께 요구한다. 따라서 보고서 쓰기는 단순한 글쓰기 활동이 아니라, 지식을 재생산하고 재구성하는 학습의 핵심 활동이다.

보고서의 목적은 조사나 분석의 결과를 명확하고 객관적으로 전달하는 데 있다. 그러나 그 목적은 단순한 정보 전달에 머무르지 않는다. 좋은 보고서는 사실을 바탕으로 논리를 세우고, 근거를 통해 신뢰를 구축하며, 결과를 통해 설득을 이루는 글이다. 즉, 보고서는 첫째, 관찰·조사·실험 등을 통해 얻은 정보를 정확하게 기록하고 공유하는 사실의 전달, 둘째, 단순한 자료 나열이 아니라, 그 자료가 의미하는 바를 분석하는 의미의 해석, 셋째, 문제해결이나 새로운 통찰을 도출하여 실천적 방향을 제안하는 결론을 제시한다. 예를 들어, '대학생의 스마트폰 사용 실태'라는 보고서를 쓴다면 단순히 사용 시간이나 빈도를 나열하는 데서 끝나는 것이 아니라, 그 결과를 바탕으로 자기조절능력, 학습 몰입도, 생활 습관 등과의 관계를 분석하고 구체적인 개선 방안을 함께 제시해야 한다.

많은 학생이 보고서와 에세이, 논문을 혼동하곤 한다. 그러나 세 글의 성격은 분명히 다르다. 에세이는 개인적인 생각이나 감정을 자유롭게 표현하는 글로서, 주관적이고 감상적인 성격이 강하다. 반면 보고서는 객관적 사실과 근거를 중심으로 논리적으로 구성하는 글이며, 논문은 한 걸음 더 나아가 연구 과정을 통해 새로운 지식을 검증하고 제시하는 학문적 글이다. 즉, 보고서는 에세이의 자유로움과 논문의 엄밀함 사이에 위치한 글로서, 사실 기반의 논리적 글쓰기라 할 수 있다. 따라서 보고서를 쓸 때는 객관성과 명확성을 유지해야 하며, 개인의 생각이나 주장을 포함하더라도 반드시 신뢰할 수 있는 근거와 자료를 통해 논리적으로 뒷받침해야 한다.

[표 4-1] 보고서와 다른 글쓰기 차이

구 분	목 적	내용 구성	표현 방식	핵심 포인트
보고서	사실과 결과의 객관적 전달	서론-본론-결론 구조	객관적, 간결한 표현	논리적 정보 전달
에세이	개인적 생각이나 느낌 표현	자유로운 구성	주관적, 감상적 표현	개성적 글쓰기
논문	학문적 근거를 통한 주장 검증	연구 절차 중심 구성	분석적, 증명 중심	새로운 지식 생산

보고서 쓰기는 학문적으로도 중요한 의미를 가진다. 비록 논문처럼 학문적 발견이나 이론 제시를 목표로 하지 않더라도, 보고서 작성 과정은 연구의 기본 절차와 동일한 흐름을 따른다. 학생은 문제를 정의하고, 자료를 수집하고, 이를 분석하여 결론을 도출하는 과정을 직접 경험하게 된다. 이러한 경험은 학술 논문을 준비하기 위한 기초 훈련이자, 학문적 사고의 출발점이다. 예를 들어 사회과학 분야의 학생이 '지역 사회의 청년 고용 실태'에 관한 보고서를 작성한다면, 이는 연구자가 논문을 작성할 때 수행하는 탐구 과정과 거의 동일한 단계이다. 따라서 보고서 쓰기는 '작은 연구'로서의 의미를 지니며, 학문적 글쓰기의 기초 체력을 기르는 훈련이라고 할 수 있다.

좋은 보고서가 되기 위해서는 몇 가지 요건을 충족해야 한다. 첫째, 글의 목적이 분명해야 한다. 주제를 명확히 설정하고, 글 전체의 방향이 일관되게 유지되어야 한다. 둘째, 구성의 체계성이 필요하다. 서론·본론·결론의 구조를 갖추고, 논리적 흐름에 따라 내용을 배열해야 한다. 셋째, 객관적인 근거를 제시해야 한다. 주관적 판단이나 개인적 느낌이 아니라, 신뢰할 수 있는 자료와 분석 결과를 중심으로 서술해야 한다. 이 세 가지 요소가 균형을 이룰 때 보고서는 단순한 과제물이 아니라 논리적이고 설득력 있는 학문적 글로 완성된다.

예를 들어, "청년층 실업률이 증가하고 있다. 많은 청년들이 일자리를 구하지 못하고 있다."라는 문장은 단순한 사실의 나열에 그친다. 그러나 "최근 청년층 실업률이 10% 이상으로 증가하였다. 이는 전공과 직무 간의 불일치, 기업의 채용 축소, 취업 준비 기간의 장기화 등 복합적 요인에서 비롯된 것으로 보인다. 이에 따라 대학의 직무역량 교육과 정부의 청년고용정책의 연계가 강화될 필요가 있다."라는 문장은 문제의 원인을 분석하고 해결 방향을 제시하고 있어 보고서의 목적에 충실한 글이 된다. 이처럼 좋은 보고서는 단순히 정보를 나열하는 데 그치지 않고, 그 안에서 의미를 찾아내고 논리적으로 독자를 설득한다.

결국 보고서는 사실에 근거한 논리적 글쓰기이며, 분석적 사고와 표현력을 동시에 요구하는 학문적 실천이다. 대학에서 보고서 쓰기를 반복적으로 연습하는 이유는, 이를 통해 학생이 '사고하고 정리하는 힘'을 기르기 때문이다. 보고서 작성은 지식을 단순히 소비하는 학습에서 벗어나, 스스로 탐구하고 이해를 확장하는 과정이다.

따라서 보고서 쓰기는 단지 과제물이 아니라, 대학 학습의 본질을 이루는 과정이며, 나아가 학문적 글쓰기의 첫걸음이라 할 수 있다.

(2) 보고서 유형

보고서는 작성 목적과 내용의 성격에 따라 여러 가지로 구분할 수 있다. 대학에서 학생들이 주로 작성하는 보고서는 크게 조사·분석 보고서, 실험·관찰 보고서, 그리고 정책·제안 보고서로 나눌 수 있다. 이러한 구분은 보고서가 다루는 대상과 방법, 그리고 결과 제시의 방식에 따라 결정된다. 각 유형은 다루는 내용은 다르지만, 공통적으로 주어진 문제를 체계적으로 탐구하고 객관적으로 설명한다는 점에서 같은 학문적 성격을 가진다.

먼저 조사·분석 보고서는 특정 현상이나 문제를 조사하고 그 결과를 분석하여 설명하는 글이다. 사회 현상, 문화적 경향, 소비 행태, 대학 생활 등 현실 속의 문제를 다루는 데 적합하다. 예를 들어 '대학생의 스트레스 요인과 대처 방식'이라는 주제를 다룬다면, 설문조사나 인터뷰를 통해 자료를 수집하고, 그 결과를 표나 그래프로 정리한 뒤, 주요 요인을 분석하고 개선 방안을 제시하는 형식으로 구성할 수 있다. 이러한 보고서는 사회과학 분야에서 자주 사용되며, 연구 결과를 논리적으로 해석하고 실제적 시사점을 제시한다는 점에서 학문적 가치가 크다.

다음으로 실험·관찰 보고서는 자연과학이나 보건·공학 분야에서 자주 작성되는 유형으로, 실험 과정과 결과를 기록하고 분석하는 글이다. 예를 들어 '식물의 성장에 미치는 빛의 세기 영향'이라는 실험 보고서를 작성한다고 가정해보자. 이때 글쓴이는 실험 목적과 가설, 실험 절차, 관찰 결과, 결과의 해석 순으로 서술하게 된다. 이 보고서의 핵심은 실험 과정과 결과를 객관적으로 기록하는 것이다. 실험·관찰 보고서는 사실의 정확성이 가장 중요한 특징이며, 연구자가 직접 수행한 경험적 데이터를 근거로 삼는다. 따라서 주관적 해석보다는 측정된 결과를 근거로 명확하게 분석하는 것이 필수적이다.

마지막으로 정책·제안 보고서는 문제를 진단하고 그 해결 방안을 제시하는 글이다. 사회복지, 행정, 교육, 경영 등 실천적 분야에서 주로 사용되며, 분석 결과를 바탕으로 현실적인 대안을 제시한다는 점에서 실용성이 높다. 예를 들어 '대학 내 환경 개선을 위한 에너지 절약 방안'이라는 보고서는 현황을 파악하고 문제점을 분석한 뒤, 구체적 실행 방안을 제안하는 구조로 쓸 수 있다. 이 유형의 보고서는 단순히 문제를 진단하는 데 그치지 않고, 실질적 해결책을 제시하여 의사결정이나 정책 수립에 기여한다는 점에서 가치가 크다.

이처럼 보고서는 목적과 내용에 따라 다양하게 구분되지만, 모든 유형에는 몇 가지 공통된 특징이 있다. 첫째, 명확한 목적성이 있어야 한다. 보고서는 단순히 '알리기 위한 글'이 아니라 '이유를 설명하는 글'이다. 따라서 무엇을 밝히려는지, 왜 그것이 중요한지를 분명히 제시해야 한다. 둘째, 객관성과 논리성을 갖추어야 한다. 글쓴이의 개인적인 감정이나 판단이 아니라, 신뢰할 수 있는 자료와 근거를 통해 주장을 전개해야 한다. 셋째, 체계적 구성이 필요하다. 보고서의 내용은 서론·본론·결론의 구조를 따라야 하며, 각 부분은 논리적으로 유기적으로 연결되어야 한다. 마지막으로, 명료한 표현과 간결한 문체가 중요하다. 보고서는 독자가 이해하기 쉽게 정보를 전달하는 것이 목적이므로, 복잡하거나 모호한 문장은 피하고 짧고 정확한 표현을 사용해야 한다.

보고서의 또 다른 특징은 형식의 일관성이다. 학문적 글쓰기에서는 글의 내용만큼 형식도 중요하다. 표지, 목차, 본문, 참고문헌 등은 학교나 기관이 제시하는 양식에 맞추어 작성해야 하며, 글의 전체적인 흐름이 일관되도록 구성해야 한다. 예를 들어 표나 그래프를 사용할 때는 제목과 단위를 명확히 표시하고, 본문에서 그 의미를 해석해 주어야 한다. 이러한 형식적 일관성은 글의 신뢰도를 높이는 동시에, 독자가 정보를 빠르고 정확하게 파악하도록 돕는다.

요약하자면, 보고서의 유형이 다르더라도 공통된 본질은 사실에 근거하여 논리적으로 분석하고 설득하는 글이라는 점이다. 보고서를 잘 쓴다는 것은 곧, 주어진 문제를 비판적으로 바라보고 그 안에서 의미를 찾아내는 힘을 기른다는 뜻이다. 즉, 보고서 쓰기는 단순히 지시받은 과제를 수행하는 일이 아니라, 스스로 사고하고 판단하는 능력을 키우는 과정이다. 이러한 점에서 보고서 쓰기는 대학 글쓰기의 기본이자, 나아가 학문적 사고의 출발점이 된다.

(3) 보고서의 구성과 형식

보고서는 서론, 본론, 결론의 3단 구조를 기본으로 한다. 이러한 구성은 단순한 글의 틀이 아니라, 사고를 조직하고 논리를 발전시키는 사고의 과정이다. 서론에서는 글의 주제를 제시하고 연구나 조사의 목적을 밝히며, 본론에서는 수집한 자료를 분석하고 그 결과를 체계적으로 제시한다. 마지막으로 결론에서는 분석 결과를 바탕으로 주요 내용을 요약하고, 문제 해결이나 제안, 향후 과제를 제시한다. 이 기본 구조는 모든 보고서의 공통된 틀로서, 글쓴이가 자신의 생각을 논리적으로 정리하고 독자가 내용을 쉽게 이해하도록 돕는다.

서론은 글의 출발점으로, 보고서의 방향과 초점을 결정짓는 부분이다. 서론에서는 글을 쓰게 된 배경과 문제의식, 목적, 범위를 명확히 밝혀야 한다. 특히 "왜 이 주제를 다루는가?", "이 글이 다루는 핵심 문제는 무엇인가?"라는 질문에 대한 답을 서론에서 제시해야 한다. 서론이 지나치게 길면 본론의 흐름이 흐려지고, 너무 짧으면 글의 목적이 불분명해질 수 있다. 따라서 간결하면서도 독자가 글의 필요성과 목적을 이해할 수 있도록 서술하는 것이 중요하다. 예를 들어 "최근 대학생들의 수면 부족이 학업 성취도에 어떤 영향을 미치는가?"라는 주제라면, 서론에서 "수면 부족이 학습 능력과 집중력에 부정적 영향을 미친다는 선행연구가 있지만, 대학생을 대상으로 한 구체적 분석은 부족하다"와 같은 방식으로 문제를 제기하고 연구 목적을 분명히 밝혀야 한다.

본론은 보고서의 핵심이자 가장 많은 분량을 차지하는 부분이다. 이 부분에서는 서론에서 제시한 문제의식을 바탕으로 자료를 분석하고 근거를 제시하여 논리를 전개한다. 본론의 구성은 글의 성격에 따라 다르지만, 일반적으로 자료의 제시, 분석, 해석의 순서를 따른다. 예를 들어 설문조사 결과를 다루는 경우라면, 표나 그래프를 사용해 결과를 시각적으로 제시한 뒤, 각 항목의 의미를 분석하고 원인을 해석하는 방식으로 구성한다. 본론에서는 자신의 주장을 강화하기 위해 다양한 근거를 제시해야 하지만, 근거의 양보다 '관련성과 논리성'이 더 중요하다. 불필요한 정보나 통계는 오히려 글의 집중력을 떨어뜨릴 수 있으므로, 글의 목적에 맞는 핵심 자료만 선택적으로 활용해야 한다.

결론은 글의 마무리이자 독자에게 남는 인상을 결정짓는 부분이다. 결론에서는 본론의 논의를 요약하고, 이를 통해 도출된 핵심 결론을 명확히 제시해야 한다. 또한 문제 해결이나 향후 과제, 개선 방향 등을 제안함으로써 글을 열린 구조로 마무리할 수 있다. 예를 들어 "조사 결과, 대학생의 수면 부족은 학업 성취도뿐 아니라 정서적 안정에도 부정적인 영향을 미친다. 따라서 대학 차원의 생활 리듬 개선 프로그램이나 자기관리 교육이 필요하다."와 같이, 구체적 대안을 제시하면 글의 설득력이 높아진다. 결론 부분에서는 새로운 주장을 제시하거나 새로운 정보를 추가하기보다는, 지금까지 논의한 내용을 통합하여 논리적 완결성을 높이는 것이 바람직하다.

보고서의 형식 또한 중요하다. 학문적 글쓰기는 내용만큼 형식의 정확성과 일관성을 요구한다. 일반적인 보고서의 형식은 다음과 같다. 첫째, 표지에는 제목, 과목명, 제출자 이름, 학번, 소속, 제출일 등을 명시한다. 둘째, 목차는 보고서의 전체 구조를 한눈에 볼 수 있도록 주요 항목을 순서대로 제시한다. 셋째, 본문은 서론·본론·결론의 구조로 내용을 전개한다. 넷째, 참고문헌은 본문에서 인용하거나 참조한 자료의 출처를 명확히 제시한다. 마지막으로 필요시 부록으로 설문지, 그래프, 통계표 등 본문에서 충분히 다루지 못한 자료를 포함할 수 있다. 보고서의 각 구성 요소는 다음과 같은 역할을 지닌다.

표지는 보고서의 첫 상으로, 보고서의 기본 정보를 제시하는 역할을 한다. 표지에는 보고서의 제목과 부제(필요한 경우), 작성자 이름, 소속(학과 및 학번), 제출 일자 등의 정보가 포함된다. 과제물의 경우에는 수강 과목명과 담당 교수명을 함께 기재하는 것이 일반적이다. 표지는 과제 지침에 맞게 작성하되, 글꼴의 종류와 크기, 배열을 일관되게 유지하여 깔끔하고 단정한 형식을 갖추는 것이 중요하다. 학교에서 제공하는 표지 양식이 있다면 이를 그대로 따르는 것이 바람직하며, 별도의 양식이 없는 경우에도 디자인 요소는 최소화하고 필요한 정보가 명료하게 드러나도록 구성해야 한다.

목차는 보고서의 전체 구조를 한눈에 파악할 수 있도록 정리한 차례표이다. 보고서의 분량이 일정 수준 이상이거나 장과 절로 구성이 나뉘는 경우에는 목차를 포함하는 것이 필요하다. 목차에는 각 장과 절의 제목과 해당 페이지 번호를 제시하여 독자가 원하는 내용을 쉽게 찾아갈 수 있도록 한다. 목차를 작성할 때에는 본문에서 사용한 제목과 번호 체계를 정확히 반영해야 하며, 페이지 번호가 최종 원고와 일치하는지 제출 전에 확인해야 한다. 워드 프로세서의 목차 자동 생성 기능을 활용할 수 있으나, 제출 전에는 오류 여부를 직접 점검하는 과정이 필요하다.

긴 보고서에서는 초록(Abstract)을 포함하기도 한다. 초록은 보고서의 핵심 내용을 간략히 요약한 단락으로, 보통 전체 내용의 핵심을 5~10줄 정도로 압축하여 제시한다. 연구 보고서의 초록에는 연구 목적, 방법, 주요 결과와 함의를 간단히 서술하는 경우가 많다. 다만 일반 교과목 과제로 제출하는 보고서에는 초록을 요구하지 않는 경우도 있으므로, 과제 지침에 따라 포함 여부를 결정해야 한다. 초록을 작성하는 경우에는 본문에서 자세히 다룬 내용을 정확하게 축약하여 핵심 정보가 빠지지 않도록 구성하는 것이 중요하다.

서론은 본문 구성의 첫 부분으로, 주제를 소개하고 글의 방향을 제시하는 역할을 한다. 효과적인 서론에는 주제의 배경(왜 중요한가 또는 왜 흥미로운가), 문제 제기 또는 연구 질문(보고서의 핵심 쟁점), 목적과 범위(무엇을 밝히려는가와 논의 범위), 구성 안내(이후 전개 방식에 대한 간단한 안내) 등이 포함될 수 있다. 서론은 보고서의 첫인상을 좌우하므로, 장황하거나 두서없이 서술하기보다 핵심을 중심으로 간결하게 정리하는 것이 바람직하다.

본론은 보고서의 주요 내용을 담는 중간 부분이다. 본론에서는 서론에서 제기한 문제와 목적을 바탕으로 관련 정보의 제시, 자료 분석, 논의 전개가 이루어진다. 논리적 전개를 위해 본론은 여러 하위 섹션으로 구분될 수 있으며, 예컨대 '연구 방법', '결과 및 분석', '논의'와 같이 절을 나누어 서술하기도 한다. 본론 작성에서 중요한 점은 서론의 문제의식과 긴밀히 연계하여 논증을 체계적으로 전개하는 것이다. 각 절은 명확한 소주제를 가져야 하며, 첫 문장에서 해당 단락이나 절의 요지를 제시하면 독자가 내용을 따라가기가 수월하다. 또한 사실과 의견을 구분하여 사실에는 출처를 제시함으로써 신뢰성을 확보하고, 의견은 논리적 근거로 뒷받침해야 한다. 표나 그림, 통계 자료 등을 활용하는 경우에는 자료의 의미를 이해할 수 있도록 충분한 설명을 덧붙여야 한다. 본론의 분량은 보고서 전체에서 가장 큰 비중을 차지하므로, 충분한 설명과 근거 제시, 그리고 해석이 균형 있게 포함되도록 구성한다. 여러 소주제를 다루는 경우에는 각각의 소주제가 전체 논지 속에서 어떻게 연결되는지를 중간중간 정리해 주는 문장을 포함하는 것이 좋다.

결론은 보고서의 마무리 부분으로, 본론의 내용을 요약하고 서론에서 제기한 질문에 대한 답 또는 최종 견해를 제시한다. 주요 논의 결과를 간략히 정리한 뒤, 그로부터 도출되는 시사점이나 제언이 있다면 함께 제시할 수 있다. 결론에서는 새로운 정보나 논지를 갑자기 추가하지 않고, 본론까지의 논의의 연장선에서 관점을 분명히 정리해야 한다. 또한 결론만 읽는 독자도 있을 수 있으므로, 보고서의 핵심 주장과 결론이 명확하게 드러나도록 구성하는 것이 바람직하다. 결론이 지나치게 짧으면 마무리의 효과가 약해지고, 지나치게 길면 본론과의 중복으로 인해 산만해질 수 있으므로 적절한 분량을 유지하는 것이 좋다.

참고문헌은 보고서 작성에 참고하거나 인용한 모든 출처를 정리한 목록이다. 결론까지 작성한 후 새 페이지에서 참고문헌을 제시하며, 책·논문·기사·웹자료 등 인용한 자료의 서지정보를 양식에 맞추어 빠짐없이 기재해야 한다. 일반적으로 저자, 발행 연도, 자료 제목, 출판사 또는 출처, 페이지 등의 정보를 포함하며, 분야나 학교에서 지정한 인용 양식(예: APA, MLA, 시카고 등)이 있을 경우 이를 따라야 한다. 참고문헌은 가나다(알파벳)순 또는 인용 순서에 따라 정렬할 수 있으며, 본문에서 인용 표시를 한 자료만 포함하는 것이 원칙이다.

부록은 본문에 모두 싣기에는 지나치게 자세하거나 보조적인 자료를 포함하는 추가 섹션이다. 설문지 원본, 방대한 통계 자료, 실험 장비의 상세 사양, 프로그램 코드 등은 부록에 제시하고 본문에서는 그 존재를 언급하는 방식으로 구성할 수 있다. 부록을 활용하면 본문의 흐름을 방해하지 않으면서도 필요한 경우 독자가 추가 정보를 확인할 수 있도록 돕는다. 부록이 여러 개일 경우에는 부록 A, 부록 B처럼 구분하고, 부록 목록을 제시하면 자료를 찾기가 수월하다. 과제 보고서에서는 부록이 필수는 아니지만, 연구 프로젝트나 졸업논문 수준의 글에서는 유용하게 활용된다.

이처럼 보고서는 형식 면에서도 필요한 요소를 갖추는 것이 중요하다. 이러한 요소들은 글의 내용을 효과적으로 제시하고, 독자가 논지를 이해하는 데 도움을 준다. 작성 시에는 각 구성 요소의 역할에 맞게 내용을 충실히 담되, 필요하면 보고서 예시나 양식을 참고하여 형식을 일관되게 정리하는 것이 바람직하다. 좋은 보고서는 체계적인 구조와 명확한 형식을 바탕으로 하며, 글의 내용이 충실하더라도 구성이 산만하거나 형식이 불분명하면 전달 효과가 떨어진다. 반대로 내용이 다소 간결하더라도 구조가 명확하고 표현이 논리적이면 글은 더 신뢰감 있게 읽힌다. 따라서 글을 쓰기 전에는 목차를 설계하여 전체 흐름을 미리 구상하는 과정이 필요하다. 결국 보고서의 구성과 형식은 단순한 '틀'이 아니라 '사고의 구조'이며, 이를 정확히 이해하고 활용할 때 글은 더욱 명확하고 설득력 있게 완성된다.

(4) 보고서의 작성 절차

좋은 보고서를 작성하기 위해서는 체계적인 절차를 따라야 한다. 보고서는 단순히 글을 쓰는 행위가 아니라, 문제를 인식하고 자료를 수집·분석하여 결론을 도출하는 일련의 탐구 과정이다. 따라서 글을 쓰기 전에 충분한 준비와 계획이 필요하며, 각 단계마다 수행해야 할 과제가 명확하다. 일반적으로 보고서 작성 절차는 주제 선정, 자료 수집, 자료 분석, 개요 작성, 초안 작성, 수정 및 완성의 순서를 따른다.

먼저 주제 선정 단계는 보고서 작성의 출발점이다. 좋은 주제는 글의 성공을 좌우한다. 주제를 정할 때는 자신의 관심과 학습 수준, 과제의 목적을 함께 고려해야 한다. 지나치게 광범위하거나 모호한 주제는 글의 방향을 흐리게 만들고, 반대로 너무 제한적인 주제는 분석의 깊이를 떨어뜨린다. 예를 들어 '대학생의 여가생활'이라는 주제는 지나치게 넓지만, '지방 거주 대학생의 주말 여가활동 실태' 처럼 구체화하면 훨씬 다루기 쉽다. 주제는 단순한 관심사나 호기심이 아니라, 해결해야 할 문제의식으로 설정해야 한다. 즉, "무엇을 조사할 것인가?"가 아니라 "왜 이 주제가 중요한가?"를 먼저 생각하는 것이 필요하다.

두 번째 단계는 자료 수집이다. 주제가 확정되면 그와 관련된 정보를 찾아야 한다. 자료는 신뢰성과 관련성을 기준으로 선택해야 하며, 가능한 한 다양한 출처에서 확보하는 것이 좋다. 학술논문, 통계자료, 신문기사, 정부 보고서, 설문조사 결과 등은 모두 유용한 자료가 될 수 있다. 자료를 수집할 때는 '1차 자료'와 '2차 자료'를 구분하는 것이 중요하다. 1차 자료는 직접 관찰하거나 조사한 원자료로, 가장 신뢰도가 높다. 반면 2차 자료는 기존 연구나 문헌을 통해 이미 분석된 정보로, 참고와 보완의 역할을 한다. 학생들은 종종 인터넷 자료만을 인용하는 오류를 범하는데, 이는 신뢰성을 떨어뜨린다. 가능한 한 출처가 명확하고 객관적인 자료를 중심으로 활용해야 한다.

세 번째 단계는 자료 분석이다. 수집한 자료를 단순히 나열하는 것이 아니라, 그 의미를 해석하고 정리하는 과정이다. 자료 분석의 핵심은 '자료가 말해주는 바'를 읽어내는 것이다. 예를 들어 설문조사 결과에서 특정 항목의 응답률이 높게 나타났다면, 그 이유를 추론하고 다른 변수와의 관계를 탐색해야 한다. 표나 그래프를 활용하면 분석의 결과를 시각적으로 명확하게 제시할 수 있다. 그러나 도표를 사용하는 목적은 '보기 좋게 꾸미기'가 아니라 '논리적으로 설득하기'임을 기억해야 한다. 분석 과정에서는 수집한 자료 중 불필요하거나 중복된 정보를 걸러내고, 글의 목적에 부합하는 핵심 내용만 선별해야 한다.

네 번째 단계는 개요 작성이다. 개요는 글의 설계도와 같다. 글의 방향과 구조를 한눈에 볼 수 있도록 전체 내용을 항목별로 정리하는 것이다. 서론에서는 문제 제기와 목적을, 본론에서는 분석 항목과 주요 근거를, 결론에서는 결과 요약과 제안을 포함한다. 개요를 세밀하게 작성하면 글을 쓰는 과정에서 내용이 흐트러지지 않고, 전체적인 논리 흐름을 유지할 수 있다. 초안을 쓰기 전 반드시 개요를 점검하여 논리적 순서가 자연스러운지, 각 항목이 주제와 긴밀히 연결되는지를 확인하는 것이 좋다.

다섯 번째 단계는 초안 작성이다. 이 단계에서는 완벽함보다 '흐름'이 중요하다. 처음부터 완성도 높은 글을 쓰려 하기보다, 개요를 바탕으로 전체 글의 골격을 먼저 완성하는 것이 좋다. 초안을 쓸 때는 문장을 다듬기보다 생각의 흐름을 이어가는 데 집중해야 한다. 서론에서는 글의 목적과 문제의식을 명확히 밝히고, 본론에서는 분석 결과와 근거를 구체적으로 제시하며, 결론에서는 전체 내용을 요약하고 시사점을 정리한다. 초안 작성 시에는 '논리의 순서'를 특히 주의해야 한다. 원인과 결과, 주장과 근거, 문제와 해결의 순서가 자연스럽게 이어져야 글이 읽히는 힘을 가진다.

마지막 단계는 수정과 완성이다. 초안이 완성된 뒤에는 반드시 여러 차례의 점검과 수정 과정을 거쳐야 한다. 수정 단계에서는 맞춤법이나 문장 오류를 고치는 것보다 논리의 일관성과 문장의 명료성을 우선적으로 살펴야 한다. 각 문단이 주제와 긴밀히 연결되어 있는지, 문장이 지나치게 길거나 중복되는 표현은 없는지, 인용과 자료 출처가 정확히 제시되었는지 등을 확인해야 한다. 필요하다면 친구나 동료에게 글을 읽어보게 하여 피드백을 받는 것도 좋은 방법이다. 수정 과정을 거친 후에는 제목과 목차, 참고문헌 등 형식을 최종적으로 점검하여 제출 준비를 마무리한다.

이와 같이 보고서 작성은 단순히 글을 쓰는 일이 아니라, 사고의 흐름을 구조화하는 과정이다. 주제를 정하고, 자료를 모으고, 이를 분석하고, 글의 틀을 세워 완성하는 일련의 단계는 곧 사고의 논리적 전개 과정과 동일하다. 따라서 보고서를 잘 쓰기 위해서는 글쓰기 기술뿐 아니라 사고의 체계성을 함께 길러야 한다. 학생들이 이 과정을 충실히 따라간다면, 어떤 주제의 과제라도 논리적이고 완성도 높은 보고서를 작성할 수 있을 것이다.

(5) 보고서 작성 시 유의점

보고서 쓰기는 단순히 정보를 정리하는 일이 아니라, 사고를 체계화하고 논리를 검증하는 과정이다. 따라서 주어진 형식을 충실히 따르는 것만으로는 좋은 보고서를 완성할 수 없다. 내용의 타당성과 논리의 일관성, 그리고 표현의 명료성이 함께 갖추어져야 한다. 보고서를 작성할 때 학생들이 자주 범하는 오류는 대부분 기본 원칙을 간과한 데서 비롯된다. 이러한 오류를 줄이기 위해서는 글쓰기의 목적을 분명히 이해하고, 자료 활용과 표현에서 몇 가지 중요한 점을 유념해야 한다.

첫째, 주제의 일관성을 유지해야 한다. 보고서의 모든 내용은 처음 제시한 주제와 목적에 맞게 구성되어야 한다. 글을 쓰다 보면 흥미로운 자료나 주변적 사실에 집중하여 본래의 문제의식을 잃는 경우가 많다. 그러나 좋은 보고서는 한 가지 중심 주제를 끝까지 유지하며, 그와 직접적으로 관련된 내용만을 선택적으로 다룬다. 불필요한 정보나 주변적 설명은 글의 초점을 흐리고 논리적 일관성을 약화시킨다. 글의 각 단락은 주제문을 중심으로 구성되어야 하며, 주제문이 전체 보고서의 핵심 문제의식과 연결되는지 점검해야 한다.

둘째, 자료의 신뢰성과 정확성을 확보해야 한다. 인터넷을 통해 손쉽게 정보를 얻을 수 있는 시대이지만, 출처가 불명확하거나 검증되지 않은 자료를 사용하는 것은 보고서의 신뢰도를 크게 떨어뜨린다. 자료를 활용할 때는 반드시 출처를 명시하고, 가능한 한 공식 통계나 학술적 근거에 기반한 자료를 사용해야 한다. 또한 인용한 자료를 그대로 옮기기보다는, 자신의 글의 맥락에 맞게 요약하고 해석하여 제시하는 것이 좋다. 특히 통계자료를 사용할 때는 수치의 출처와 연도, 조사 방법을 함께 제시해야 오해를 줄일 수 있다.

셋째, 논리적 연결과 전개를 점검해야 한다. 글은 단순한 문장들의 집합이 아니라 사고의 흐름을 따라 전개되는 구조이다. 따라서 각 단락 간의 관계가 자연스럽고 논리적으로 이어져야 한다. 원인과 결과, 주장과 근거, 비교와 대조의 관계가 명확히 드러나야 하며, 문단 사이의 연결어를 적절히 사용하여 사고의 흐름을 매끄럽게 만들어야 한다 예를 들어 "따라서", "그러나", "이와 반대로", "이러한 점에서" 등의 접속어는 논리의 흐름을 명확히 하는 데 도움이 된다. 글의 구조가 단절되면 독자는 글쓴이의 의도를 따라가기 어렵기 때문에, 각 문단의 역할을 점검하며 전체 논리의 방향이 일관되는지 확인해야 한다.

넷째, 객관적인 태도를 유지해야 한다. 보고서는 개인의 감정이나 가치 판단이 아닌, 사실과 근거를 바탕으로 한 분석적 글쓰기이다. "나는 이렇게 생각한다"와 같은 주관적 표현이나, "~라고 느꼈다", "~해야 한다"와 같은 감정적 단정은 피하는 것이 좋다. 그 대신 "조사 결과에 따르면", "자료 분석을 통해 확인된 바와 같이", "이러한 경향은 다음과 같은 요인에서 비롯된 것으로 보인다"와 같이 객관적 근거에 기반한 표현을 사용하는 것이 바람직하다. 글의 객관성을 지키는 것은 단순한 표현의 문제가 아니라, 글쓴이의 사고방식과 태도에 관한 문제이다.

다섯째, 표현의 명확성과 간결성을 지켜야 한다. 좋은 글은 어려운 단어를 사용하는 글이 아니라, 누구나 이해할 수 있도록 정확하고 간결하게 쓰인 글이다. 같은 내용을 여러 번 반복하거나 불필요하게 긴 문장은 글의 가독성을 떨어뜨린다. 또한 "많은 사람들", "어느 정도", "좋은 효과"와 같이 의미가 분명하지 않은 표현보다는, "응답자의 68%", "학업 성취도 향상"처럼 구체적인 수치나 명확한 서술을 사용하는 것이 바람직하다. 문장은 짧고 명료하게 구성하되, 하나의 문장에는 하나의 중심 생각만 담는 것을 원칙으로 한다.

여섯째, 형식과 문체의 일관성을 유지해야 한다. 보고서는 정해진 형식에 맞게 작성해야 하며, 문체 역시 학술적이고 객관적인 어조를 유지해야 한다. "나는", "우리는"과 같은 1인칭 표현이나 "~했다", "~것 같다"와 같은 구어체 표현은 피하고, 서술적이면서도 단정적인 문장을 사용하는 것이 바람직하다. 또한 제목, 번호, 표, 그림 등의 형식을 일관되게 적용하여 글의 전문성을 높여야 한다.

마지막으로, 검토와 수정의 과정을 반드시 거쳐야 한다. 한 번에 완벽한 보고서를 쓰는 것은 어렵다. 초안을 작성한 후에는 내용의 흐름, 문장의 정확성, 맞춤법과 문법 오류를 세심히 점검해야 한다. 특히 보고서에서는 인용과 참고문헌 표기가 정확해야 하며, 표절에 해당하지 않도록 출처를 명확히 밝혀야 한다. 글을 완성한 뒤 스스로 '이 글의 목적은 분명한가', '논리의 흐름은 자연스러운가', '자료의 출처는 신뢰할 수 있는가'를 질문해 보는 습관을 가지면 글의 완성도를 높일 수 있다.

결국 좋은 보고서는 '많은 정보를 담은 글'이 아니라, '명확한 목적을 향해 논리적으로 조직된 글'이다. 글을 쓰는 과정에서 단순히 결과를 제출하는 데 그치지 않고, 사고를 정리하고 논리를 세우는 훈련으로 삼는다면 보고서 쓰기는 더 이상 어렵고 부담스러운 과제가 아니라, 스스로 성장할 수 있는 유익한 학습의 과정이 될 것이다.

2) 학술논문

(1) 학술논문의 개념과 목적

학술논문은 연구자가 탐구한 주제에 대해 새로운 지식이나 연구 결과를 논리적으로 증명하고 전달하는 글이다. 단순히 정보를 나열하거나 의견을 서술하는 일반 보고서와 달리, 논문은 연구를 통해 얻은 사실이나 주장을 근거를 들어 학문적으로 설득하는 데 목적이 있다. 다시 말해, 논문은 '지식을 생산하는 글'이며, 연구자가 자신만의 문제의식과 분석을 통해 학문적 대화에 참여하는 방식이다. 대학생이 작성하는 학사학위논문은 전공 분야에서 배운 지식과 연구 방법을 실제로 적용해 보는 첫 학문적 글쓰기이자, 자신의 생각을 학문적으로 표현하는 훈련의 장이다.

논문 쓰기의 핵심 특징은 객관성과 논리성이다. 논문은 개인의 감정이나 주관적인 생각이 아니라, 근거와 자료에 기반한 논증적 글쓰기이다. 글쓴이는 자신의 주장을 설득력 있게 입증하기 위해 신뢰할 수 있는 자료를 제시하고, 그 의미를 논리적으로 분석해야 한다. 즉, '무엇을 주장하느냐'보다 '그 주장을 어떻게 증명하느냐'가 중요하다. 따라서 논문은 주관적 단정이나 감상적 진술을 피하고, 타당한 근거와 논리적 전개를 통해 독자가 자연스럽게 납득할 수 있도록 해야 한다.

둘째, 학술논문은 격식과 형식을 갖춘 글쓰기이다. 일상적인 감상문이나 자유 에세이와 달리, 논문은 정해진 구성과 형식 요건을 반드시 지켜야 한다. 문장은 문법적으로 명확해야 하며, 전문 용어는 정확하게 사용되어야 하고, 인용과 참고문헌은 일정한 학문적 규칙에 따라 표기해야 한다. 이러한 형식을 지키는 이유는 연구 내용을 객관적으로 전달하고, 학문 공동체 안에서 공정하게 평가받기 위함이다. 논문은 일기가 아니므로 개인의 만족을 위해 쓸 수 없고, 소설이 아니므로 흥미나 서사를 중심으로 전개해서는 안 되며, 시처럼 함축적이거나 상징적인 표현을 남용해서도 안 된다. 즉, 논문은 가치 있는 주제를 논리적이고 명확하게, 정해진 학문적 규범에 따라 서술하는 글이어야 한다.

셋째, 학술논문은 학문적 의의와 엄밀성을 지녀야 한다. 대학생의 학사논문은 규모 면에서 제한이 있지만, 기존 연구를 단순히 요약하는 데 그치지 않고 자신만의 새로운 시각이나 발견을 담아야 한다. 이를 통해 학생은 전공 분야의 학문적 대화에 참여하고, 비판적 사고력과 연구 능력을 기르게 된다. 또한 자료를 해석하고 근거를 제시하는 과정을 통해, 지식을 단순히 수용하는 학습자에서 스스로 지식을 탐구하고 창출하는 학문적 주체로 성장할 수 있다.

요약하면 학사학위논문은 학문적 목적과 형식을 갖춘 글쓰기이며, 지식의 창출과 전달을 위한 지적 도전이다. 논문을 작성하는 과정에서 학생은 논리적으로 사고하고, 자료를 검증하며, 근거를 통해 설득하는 학문적 태도를 익힌다. 이는 단순히 졸업 요건을 충족하기 위한 글쓰기가 아니라, 학문적 탐구력을 기르고 표현력을 발전시키는 과정이다. 결국 논문 쓰기는 자신이 배운 지식을 확장하고, 이를 근거를 통해 입증함으로써 '배우는 사람'에서 '연구하는 사람'으로 성장하는 경험이 된다.

(2) 학술논문의 유형

학술논문은 연구 목적과 성격, 그리고 활용되는 맥락에 따라 여러 형태로 구분된다. 대학생이 이해해야 할 가장 기본적인 구분은 학위논문과 학술지 논문, 그리고 연구 성격에 따른 유형이다. 이러한 구분을 이해하면 자신이 쓰려는 논문의 방향과 수준을 명확히 할 수 있다.

먼저, 학위논문은 대학이나 대학원에서 학위를 취득하기 위해 작성하는 논문을 말한다. 학사·석사·박사 학위논문이 대표적이며, 학사 학위논문은 전공 지식을 실제 연구에 적용해 보는 첫 학문적 시도라는 점에서 교육적 의미가 크다. 연구 주제의 규모나 분석의 깊이는 제한적일 수 있지만, 연구의 논리성과 체계성을 경험하는 것이 가장 중요한 목표이다. 반면, 석사와 박사 학위논문은 기존 연구에 대한 비판적 검토를 바탕으로 새로운 학문적 발견이나 이론적 기여를 제시해야 하므로, 더 높은 수준의 전문성과 독창성이 요구된다.

둘째, 학술지 논문은 학회나 연구기관이 발간하는 학술지에 게재되는 논문이다. 학술지 논문은 학문적 공동체 안에서 공인된 연구 성과로 인정받기 위해 동료 연구자들의 심사를 거친다. 보통 연구 주제가 보다 구체적이고, 연구 방법과 결과가 명확하게 제시되어야 한다. 학술지 논문은 연구의 신뢰성과 재현성을 중시하기 때문에, 연구 절차와 분석 방법의 투명한 공개가 필수적이다.

셋째, 학문 분야에 따라 연구의 성격으로 구분하기도 한다. 이론 연구는 기존의 이론을 분석하거나 새로운 개념을 제시하는 연구로, 인문학 분야에서 많이 사용된다. 예를 들어 문학 연구나 철학 연구에서는 텍스트 해석과 개념 분석이 중심이 된다. 실증 연구는 가설을 세우고 자료를 수집하여 통계적·경험적으로 검증하는 연구로, 사회과학과 자연과학 분야에서 주로 이루어진다. 사례 연구는 특정 개인, 집단, 기관, 사건 등을 심층적으로 분석하는 방법으로, 사회복지·경영·교육 등 실천 중심 학문에서 자주 사용된다. 비교 연구는 두 개 이상의 대상이나 현상을 비교하여 공통점과 차이를 밝히는 방식이다. 이 연구는 현상을 다각도로 분석할 수 있는 장점을 지닌다.

요약하면, 학술논문은 작성 목적과 연구 성격에 따라 다양한 형태로 나뉘지만, 그 본질은 언제나 '연구를 통해 얻은 새로운 지식을 체계적으로 증명하고 공유하는 글쓰기'에 있다. 학생들은 이러한 유형을 이해함으로써 자신에게 맞는 논문 형식을 선택하고, 연구 목적에 부합하는 방향으로 글을 구성할 수 있다.

(3) 학술논문의 구성과 작성 절차

학술논문은 연구자가 설정한 문제를 학문적으로 탐구하고 그 결과를 논리적으로 증명하여 전달하는 글이다. 단순히 정보를 나열하는 보고서와 달리, 논문은 체계적인 연구 과정을 통해 새로운 지식이나 해석을 제시하는 것을 목표로 한다. 따라서 논문은 일정한 구성과 형식에 따라 작성되어야 하며, 그 구조는 연구자의 사고 흐름을 논리적으로 드러내는 틀이 된다. 학사학위논문 또한 이러한 원리를 따르며, 각 단계는 서론, 이론적 배경, 연구방법, 연구결과 및 해석, 결론 및 제언의 순서로 이어진다.

① 서론: 연구의 시작과 방향 설정

서론은 논문의 출발점으로, 연구의 전체 방향을 제시하는 부분이다. 이 단계에서 글쓴이는 “왜 이 연구를 해야 하는가”, “무엇을 밝히려 하는가”에 대한 답을 제시해야 한다. 서론에는 연구의 배경과 필요성, 연구 목적과 문제, 연구 범위와 한계, 그리고 논문의 전체 구성 순서가 포함된다.

서론 작성의 첫 단계는 연구문제 설정이다. 관심 있는 주제에서 출발하되, 하고 싶은 주제가 아니라 할 수 있는 주제를 선택해야 한다. 자료 접근성, 기간, 연구 역량을 고려해 주제의 폭을 좁히는 것이 중요하다. 예를 들어 ‘대학생 스트레스’라는 포괄적 주제보다는 ‘학업 부담이 대학생의 수면시간에 미치는 영향’처럼 구체적인 문장으로 발전시키는 것이 바람직하다. 연구문제는 한 문장으로 명료하게 표현하고, 핵심 개념의 작동적 정의를 미리 정리해 두면 이후 분석 단계에서 혼란이 줄어든다.

서론의 마지막 부분에서는 연구의 방법과 구성 체계를 간략히 소개하여 독자가 논문의 윤곽을 파악할 수 있도록 한다. 즉, 서론은 연구의 이유와 방향을 동시에 제시하는 단계이다.

② 이론적 배경: 연구의 기초 다지기

이론적 배경은 연구의 토대를 마련하는 단계로, 주제와 관련된 기존 연구를 검토하고 이론적 근거를 제시한다. 이 단계의 목적은 연구의 맥락을 설정하고, 자신의 연구가 기존 연구와 어떤 차별성을 가지는지 보여주는 데 있다.

작성 절차는 먼저 선행연구 탐색에서 시작된다. 학술논문, 학위논문, 학회지, 학술보고서 등을 폭넓게 조사하고, 연구의 핵심을 효율적으로 파악하기 위해 초록·결론·서론·방법·결과의 순서로 내용을 검토하는 것이 효과적이다. 각 연구의 주요 주장, 연구 대상, 연구 방법, 결과, 그리고 한계를 표로 정리하면 연구 간 비교가 용이해진다. 이렇게 정리한 선행연구를 주제별로 묶어 흐름을 파악하면 기존 연구의 공백이 드러나며, 그 공백이 곧 자신의 연구가 기여할 수 있는 영역이 된다.

이론적 배경의 마지막에서는 자신의 연구가 기존 연구를 어떻게 보완하거나 확장하는지를 논리적으로 제시함으로써, 연구의 학문적 위치를 명확히 해야 한다. 이는 단순한 선행연구 요약이 아니라, 이후 연구를 수행하기 위한 논리적 근거를 구축하는 과정이라 할 수 있다.

③ 연구방법: 연구 설계의 구체화

연구방법은 연구문제를 실제로 어떻게 탐구했는지를 구체적으로 설명하는 부분이다. 이 장에서는 연구의 객관성과 재현성을 확보하는 것이 핵심이다. 연구대상, 절차, 자료 수집 방법, 분석 도구 등을 명확히 기술해야 한다.

조사연구의 경우 표집 대상과 표본 수, 설문 문항의 구성과 척도, 자료 수집 절차를 구체적으로 서술하고, 실험연구라면 독립변수와 종속변수, 통제 요인, 실험 절차와 측정 방법을 제시한다. 면담이나 사례연구에서는 참여자 선정 기준과 질문지 구성, 분석절차를 명확히 설명한다. 또한 타당도와 신뢰도 확보 방안을 함께 제시해야 한다. 예비조사나 전문가 검토, 도구의 신뢰도 검증 과정을 통해 연구의 정확성을 높이는 것이 중요하다.

연구 설계가 완성되면 논문 개요를 작성한다. 서론에는 연구 필요성과 목적, 연구문제를 문장으로 정리하고, 이론적 배경에서는 주제별로 소제목을 설정한다. 방법 장에서는 표집·도구·절차·분석 계획의 항목을 체계적으로 배열한다. 개요를 미리 완성해 두면 논문의 전체 구조가 명확해지고, 초고 작성 과정이 훨씬 수월해진다.

④ 연구결과: 자료의 분석과 의미 찾기

연구결과 및 해석은 논문의 핵심 부분이다. 이 장에서는 수집한 자료를 표, 그래프, 수치 등으로 시각화하여 제시하고, 그 결과가 연구문제에 어떤 답을 주는지를 논리적으로 서술한다. 양적 연구의 경우 평균, 표준편차, 상관관계, 회귀분석 등 통계적 결과를 제시하고, 질적 연구라면 코딩 체계와 주요 주제, 참여자 진술을 인용하며 의미를 도출한다. 결과를 단순히 나열하기보다 서론의 연구문제와 목적에 다시 연결하는 것이 중요하다. “이 결과는 연구문제 2를 뒷받침한다.”처럼 구체적인 언급은 논문의 일관성을 높인다. 또한 결과가 기존 연구와 일치하거나 차이를 보이는 이유를 함께 분석하면 연구의 학문적 의의를 강화할 수 있다.

⑤ 결론 및 제언: 연구의 요약과 확장

결론은 연구 전체를 요약하고, 결과로부터 얻은 시사점을 제시하는 부분이다. 이 장에서는 연구 목적과 문제를 다시 상기시키고, 연구를 통해 얻은 답을 간결히 정리한다. 결과가 보여주는 학문적 의미, 사회적 가치, 그리고 실천적 함의를 함께 제시하면 좋다. 또한 연구의 한계를 솔직히 언급하고, 후속 연구의 방향을 제안함으로써 학문적 확장성을 보여준다. 결론은 논문 전체의 완결성을 높이는 핵심 부분으로, 짧더라도 명료하게 써야 한다.

⑥ 형식과 고쳐쓰기: 완성도의 마무리

논문은 내용 못지않게 형식의 정확성과 일관성이 중요하다. 표지에는 제목, 소속, 이름, 제출일, 지도교수 등을 명확히 기재하고, 초록에는 연구의 목적·방법·주요 결과·의의를 200~500자 내외로 간결하게 요약한다. 본문은 장·절 번호와 제목 체계를 일관되게 유지하고, 참고문헌은 인용한 문헌만 정확한 형식으로 정리한다. 부록에는 설문지, 통계표, 인터뷰 질문지 등 부가 자료를 첨부해 연구의 신뢰성을 높인다.

논문을 완성한 뒤에는 반드시 고쳐쓰기와 연구윤리 점검을 거친다. 1차 수정에서는 논리 구조를 점검하고, 2차에서는 문장을 다듬으며, 3차에서는 인용 표기와 출처를 검토한다. 타인의 글이나 자료를 사용할 때는 반드시 출처를 밝혀야 하며, 자신의 이전 글을 재사용할 경우 그 사실을 명시해야 한다. 연구윤리를 지키는 것은 단순한 형식이 아니라 학문적 신뢰의 근본이다.

이처럼 학술논문은 단순한 글쓰기가 아니라 연구의 사고를 글로 구조화하는 과정이다. 서론에서 문제를 제기하고, 이론적 배경에서 틀을 세우며, 연구방법과 결과를 통해 근거를 제시하고, 결론에서 의미를 정리하는 전체의 흐름은 하나의 사고 체계로 연결된다. 이 구조를 이해하고 충실히 따르는 것이 학사학위논문 완성의 첫걸음이며, 논문을 통해 학생은 비판적 사고력과 학문적 글쓰기 능력을 함께 기를 수 있다.

(4) 학술논문 작성 시 유의점

학술논문은 단순히 글을 잘 쓰는 능력의 문제가 아니라, 연구자의 사고과정과 학문적 태도를 글로 표현하는 과정이다. 따라서 논문을 작성할 때는 논리적 일관성과 연구윤리를 동시에 지켜야 하며, 모든 문장은 근거와 자료를 바탕으로 전개되어야 한다. 논문은 학문 공동체 속에서 공유되는 지식의 한 형태이므로, 연구자는 자신의 주장을 설득력 있게 전달하기 위해 명료하고 객관적인 글쓰기를 해야 한다.

첫째, 논문은 객관적 서술을 기본으로 한다. 학술적 글쓰기는 개인의 느낌이나 감정을 표현하는 글이 아니라, 연구 결과를 근거로 논증하는 글이다. 따라서 “나는 생각한다”나 “느꼈다”와 같은 주관적 표현은 피하고, “~으로 나타났다”, “~로 해석된다”처럼 객관적인 서술로 바꾸어야 한다. 또한 문장은 명확하고 간결해야 하며, 주어와 서술어가 일치하도록 문법적으로 점검해야 한다.

둘째, 논리적 일관성과 통일성을 유지해야 한다. 논문은 하나의 중심 연구문제를 바탕으로 전체 내용이 유기적으로 연결되어야 한다. 서론에서 제시한 연구문제가 결론에서 다시 확인되어야 하며, 각 장과 절의 내용이 연구 목적과 자연스럽게 이어져야 한다. 문단 간의 전환이 어색하거나 내용이 중복되는 경우, 논리의 흐름이 깨질 수 있으므로 초고 단계에서 반드시 구조 점검을 해야 한다.

셋째, 인용과 자료의 출처를 명확히 밝혀야 한다. 연구자는 타인의 글이나 연구 결과를 사용할 때 반드시 출처를 표기해야 하며, 본문 인용과 참고문헌 목록이 서로 일치하도록 관리해야 한다. 인용을 누락하거나 출처를 불분명하게 표기하면 표절로 간주될 수 있다. 따라서 인용과 주석은 논문 작성 전 과정에서 꼼꼼히 기록하고, 작성 후에는 인용 부호나 쪽수, 참고문헌의 일관성을 반드시 확인해야 한다.

넷째, 표현은 간결하고 명확해야 한다. 논문은 정보 전달이 목적이므로 불필요한 수식어나 중복된 표현은 피해야 한다. 한 문장 안에 여러 생각을 담기보다는 짧고 단정한 문장으로 나누어 쓰는 것이 좋다. 또한 동일한 개념이나 용어는 논문 전체에서 일관되게 사용해야 하며, 구체적 수치나 인용 근거 없이 추상적인 단정은 피한다.

다섯째, 표와 그림은 정확히 작성하고, 본문과의 연계성을 명확히 해야 한다. 표나 그래프는 연구결과를 시각적으로 제시하는 도구이므로, 제목, 단위, 범례, 출처를 빠짐없이 표기해야 한다. 표를 본문에서 언급할 때는 "표 1에서 보는 바와 같이" 등 구체적인 연결 문장을 사용하여 내용의 연속성을 유지한다.

여섯째, 연구윤리를 철저히 준수해야 한다. 연구의 정직성과 성실성은 논문 전체의 신뢰를 좌우한다. 자료를 조작하거나 특정 결과를 과장하는 행위, 타인의 글을 출처 없이 사용하는 행위, 동일한 내용을 반복 게재하는 행위는 모두 연구윤리 위반에 해당한다. 연구자는 자신의 자료와 결과를 정확히 제시하고, 연구의 한계가 있을 경우 이를 솔직하게 밝히는 태도를 가져야 한다.

일곱째, 형식 요건을 꼼꼼히 확인해야 한다. 각 대학이나 기관의 논문 작성 지침에는 표지 양식, 초록 분량, 본문 글자체와 줄 간격, 인용 방식, 참고문헌 표기법 등이 명시되어 있다. 이러한 형식을 정확히 지키는 것은 연구자의 성실성과 전문성을 보여주는 기본이며, 작은 표기 오류도 논문의 완성도를 떨어뜨릴 수 있다.

마지막으로, 초고를 완성한 뒤에는 반드시 두 차례 이상 교정을 거쳐야 한다. 첫 번째 교정은 논리 구조와 내용 점검, 두 번째는 문장과 표기, 띄어쓰기와 인용 부호의 세부 확인이다. 가능하다면 지도교수나 동료의 피드백을 받아 객관적으로 검토받는 것이 좋다.

요약하면, 학술논문은 단순한 글이 아니라 학문적 태도와 연구자의 성실성을 담은 결과물이다. 논리적 일관성, 표현의 명료성, 인용의 정직성을 동시에 지켜야 비로소 신뢰할 수 있는 학문적 글이 완성된다. 이러한 과정을 충실히 따르는 것이 바로 대학생이 학문적 글쓰기에서 배워야 할 가장 중요한 자세이다.

3) 인용, 주석, 참고문헌

(1) 인용

인용이란 자신이 작성하는 글에서 다른 사람의 글, 연구결과, 데이터 등을 직접 또는 간접 형태로 가져와 활용하는 것이다. 인용은 연구의 신뢰성을 높이고, 주장을 객관적 근거로 뒷받침하는 데 사용된다. 또한 연구자가 얼마나 폭넓게 자료를 탐색했는지 보여주는 근거이기도 하다.

출처 표기가 없다면 표절(plagiarism)로 간주될 수 있으므로 인용 규칙을 준수해야 하며, 인용은 타인의 견해 위에 자신의 해석을 더해 논지를 확장해 나가는 주체적 글쓰기 전략이라는 점에서 중요하다.

인용의 기본 원칙은 정확성, 명시성, 절제성이다. 첫째, 정확성은 원문의 내용을 의미가 변하지 않도록 그대로 옮기는 것이다. 원문을 일부 생략하거나 수정할 경우, 생략 부호(...)나 대괄호([ ]) 등을 사용해 수정 사실을 밝혀야 한다. 둘째, 명시성은 인용의 출처를 반드시 표시하는 것이다. 인용문은 큰따옴표(" ") 또는 작은따옴표(' ')로 구분하고, 문장 끝에 괄호나 주석을 통해 출처를 명기해야 한다. 셋째, 절제성은 필요한 부분만 인용하는 것이다. 인용이 지나치면 자신의 생각이 흐려지고, 단순한 요약문처럼 보일 수 있으므로, 글쓴이의 논지를 중심에 두고 보조적 근거로 인용을 활용하는 것이 바람직하다.

인용에는 직접인용과 간접인용이 있다. 직접인용은 원문을 그대로 가져오는 방식으로, 따옴표를 사용하여 인용 범위를 명확히 구분한다. 인용문의 길이에 따라 인용 방식이 달라지는데, 3행 이내일 때는 문장 속에서 큰따옴표로 표시하고, 4행 이상일 때는 본문과 구분하여 한 줄 위아래를 띄우고 들여쓰기를 적용한다. 또한 긴 인용문은 본문의 글자 크기보다 한 포인트 작게 설정하여 독립된 단락으로 제시하는 것이 일반적이다. 보통 원문대로 인용할 경우 글자 포인트를 한 단계 작게 조정하고, 전체적으로 한 자 내지 두 자 정도 들여쓰기 한다.

간접인용은 원문의 내용을 요약하거나 재구성하여 자신의 문장으로 표현하는 방식이다. 직접인용과 달리 따옴표를 사용하지 않지만, 원 출처는 반드시 명시해야 한다. 간접인용은 원문의 핵심 의미를 유지하면서도 글쓴이의 해석과 논리적 연결을 자연스럽게 드러낼 수 있다는 점에서 효과적인 방법이다. 특히 여러 선행연구의 흐름을 정리하거나, 기존 연구의 주장과 자신의 주장을 비교·해석할 때 유용하다.

■ 직접인용

3행 이내: 큰 따옴표("…..") 표시 후 각주 달기

김춘수는 자신의 시세계에 대한 인터뷰에서 "일반적인 의미시를 쓰다가 다음엔 무의미시를 썼고 지금은 의미와 무의미 양쪽을 합해서 지양한 시를 쓰고"[1]있다고 말한 바 있듯이 무의미시 이후의 시는 의미의 세계로 환원하고 있음을 알 수 있다.

----

1) 편집부, 「이달의 인터뷰, 시인 김춘수」,『문학사상』, 2001, 68쪽.

4행 이상: 별도의 문단을 만들어 본문의 글자보다 한 포인트 작게

언어는 존재의 집이라는 하이데거의 말처럼 김춘수의 존재 찾기는 결국 언어에 대한 탐구라고 할 수 있다.

> 말의 피안에 있는 것을 난 알고 싶었다. 그 앞에서는 말이 하나의 물체로 얼어붙는다. 이 쓸모없게 된 말을 부수어 보면 의미는 분말이 되어 흩어지고, 말은 아무것도 없어진 그곳에서 제 무능을 운다. 그것은 있는 것(존재)의 덧없음의 소리요, 그것이 또한 내가 발견한 말의 새로운 모습이다. 말은 의미를 넘어서려고 할 때, 스스로 부서진다. 그러나 부서져보지 못한 말은 어떤 한계 안에 가둬진 말이다. 모험의 그 설렘을 모른다. 나는 그 설렘에 몸을 맡겨보고 싶은 충동이 팽팽해졌지만, 간헐적으로 반동이 일어나 말을 아주 제 구실의 가장 좁은 한계 안으로 되돌려 보내곤 하였다. [1]

김춘수는 사물의 실체를 파악하기 위해서 언어로써 그 사물을 관념화시킨다. 그러나 이 관념화된 언어는 그 사물의 실존적 의미에서 점점 더 멀어지게 되고 결국 덧없음의 존재인 허무를 발견하게 된다.

----

1) 김춘수,『시론 전집』1, 현대문학, 2004, 532쪽.

■ **간접인용**

3행 이내: 큰 따옴표("…..") 표시 후 각주 달기

> 공성수(2016)는 대학생 글쓰기에서 인용이 단순한 정보 제공이 아니라, 글쓴이의 주장을 보강하고 논증의 타당성을 확보하는 핵심 전략이라고 설명한다. 그는 특히 적절한 인용 사용이 텍스트의 신뢰도를 높이고 글쓴이의 문제의식을 분명하게 드러내는 데 기여한다고 분석한다.[1)]
>
> ----------
>
> 1) 공성수(2016). 「논리적 글쓰기 전략으로서 인용의 기능과 유형 연구: 대학생 글쓰기에 나타난 사례들을 중심으로」, 『교양교육연구』, 10(4), 605-645.

① 단행본의 인용

국내에서 출판된 단행본의 경우, '저자명, 『서명』, 출판사, 출판 연도, 인용 쪽 수.', 또는 '저자명(출판연도), 『서명』, 출판사, 인용 쪽수.'의 형태로 주석을 작성한다. 이때 겹낫표(『 』)를 이용해서 자료의 종류가 단행본임을 나타내 준다. 또한 출판 연도는 출판사와 인용 쪽수 사이에 적어 주거나, 저자 이름 다음에 팔호로 표기한다. 출판지의 경우 '출판지: 출판사'의 형태로 해당 저서가 출판된 도시를 적어 주는 것이 원칙이지만, 국내 도서는 출판지를 생략하기도 한다. 인용한 쪽수를 한 글로 적을 때는 '쪽'이나 '면'의 형태로, 영문으로 적을 때는 'p.' 또는 'pp.'의 형태로 표기한다. 'p.'는 인용한 쪽수가 단면일 때, 'pp.'는 2면 이상을 인용했을 때 사용한다.

번역서의 경우에는 '저자명, 『서명』, 역자명, 출판사, 출판 연도, 인용 쪽수.'의 형태로 적는다. 역자명을 저자명 다음에 표기하여

'저자명, 역자명, 『서명』, 출판사, 출판 연도, 인용 쪽수.'의 형태로 표기할 수도 있다. 역자명 다음에 '역(譯)' 또는 '옮김'과 같은 말을 넣어 역자임을 나타내 준다. 이때 저자명은 한글 또는 원어로 표기한다. 저자가 여러 명일 때는 대표 저자 이름과 함께 '외(外)'를 넣어 저자가 복수임을 나타내고 학술 단체, 정부 기관, 연구소 등과 같이 단체가 저자일 경우에는 저자명을 넣는 자리에 단체의 이름을 적는다. 책을 저술한 것이 아니라 편찬하거나 편집한 경우에는 편찬자(편집자)의 이름 다음에 '편'을 넣어 준다.

국외(서구권) 단행본은 국내 단행본과 마찬가지로 '저자명, 서명, 출판지: 출판사, 출판 연도, 인용 쪽수.'의 형태로 주석을 작성한다. 이때 서명은 이탤릭체로 표기한다.

[표 4-2] 단행본 출처 표기 방식

구 분	예 시
국내 저자 저서	• 전지니, 『인간의 미래, 연극의 미래-한국 SF연극의 역사와 상상력』, 연극과인간, 2022, 200~203쪽. • 정민, 『삶을 바꾼 만남 스승 정약용과 제자 황상』, 문학동네, 2011, 12쪽.
번역본	• 장과, 『중국 미학사』, 신정근·모영환·임종수 옮김, 성균관대학교출판부, 2019, 50~54쪽. • Walter Benjamin, 『아케이드 프로젝트』, 조형준 역, 새물결, 2005, 114쪽.
공동 저서	• 고연희·김동준·정민 외, 『한국학, 그림을 그리다』, 태학사, 2013, 85쪽. • 서울특별시 시사편찬위원회 편, 『서울 사람들의 죽음, 그리고 삶』, 서울특별시 시사편찬위원회, 2012, 30쪽.
해외 저서	• Michael J. Sandel, *Justice: what's the right thing to do?*, New York: Farrar, Straus and Giroux, 2010, p.34. • Ronald Egan, *The Problem of Beauty: Aesthetic Thought and Pursuits in Northern Song Dynasty China*, Cambridge, Mass.: Harvard University Asia Center, 2006, pp.78~79.

② 논문의 인용

논문을 참고할 경우, 다음과 같은 방식을 따른다. 먼저 학위 논문은 대학원에서 석사 및 박사학위를 받기 위해 작성하는 논문이다. 따라서 학위 논문을 인용하는 경우, '저자명, 「논문명」, 학위 수여 기관 및 학위 종류, 발행 연도, 인용 쪽수.'의 형태로 주석을 작성한다. 이때 논문명은 홑낫표(「 」)로 표기한다.

학술지 논문은 정기적으로 발행되는 학술지에 실린 논문을 의미한다. 학술지는 학술 분야의 전문적인 글을 수록한 책으로 학술 잡지라고도 하며, 일정한 기간을 단위로 정기적으로 발행된다. 이 때문에 학술지 논문을 인용할 때는 해당 논문이 실린 학술지의 권 또는 호, 집수를 반드시 기재하고, 학술지를 발행한 학술 단체의 이름을 기록해야 그 출처를 정확하게 밝힐 수 있다. 따라서 학술지 논문을 인용했다면 '저자명, 「논문명」, 『학술지명』제○집(호/권), 발행처(학술단체명), 발행 연도, 인용 쪽수.'의 형태로 참조주를 작성해야 한다.

국외에서 발행된 학술지 논문은 국내 학술지 논문과 같은 순서로 기재하되, 논문 제목은 큰따옴표(" ")로, 학술지명은 이탤릭체로 표기한다.

[표 4-3] 논문 출처 표기 방식

구 분	예 시
국내 학위 논문	• 이은선, 「서기원 소설의 주제 연구: 몸의 정치성을 중심으로」, 이화여자대학교 석사학위 논문, 2011, 75쪽. • 이승은, 「18세기 야담집의 서사지향과 서술방식: 『천예록(天倪錄)』과 『동쾌낙송(東稗洛誦)』을 중심으로」, 고려대학교 박사학위 논문, 2016, 98쪽.
국내 학술지 논문	• 박소영, 「타유시(打油詩)와 〈호동거실(衡衡居室)〉」, 『용봉인문논총』 제54집, 전남대학교 인문학연구소, 2019, 151쪽. • 전지니, 「과학적 상상력의 무대화에 대한 시론-SF연구의 역사와 현재」, 『대중서사연구』 Vol.25 No.4, 대중서사학회, 2019, 96쪽.
국외 학술지 논문	• Michael P. Steinberg, "The Narcissism of Major Differences: Richard Wagner and the Peculiarities of German Antisemitism", *Social Research*, Vol.17 No.1, Baltimore MD.: Johns Hopkins University Press, 2022, pp.30~32. • Kelly A. Marsh, "The Mother's Unnarratable Pleasure and the Submerged Plot of Persuasion", *Narrative*, Vol.17 No.1, Columbus, Ohio: Ohio State University Press, 2009, p.90.

③ 기타 자료의 인용

기타 자료의 인용 방법은 다음과 같다. 먼저 전자책을 인용했을 때는 '저자명, 『서명』, 발행처, 출판 연도, 인용 쪽수, 출판 형태(또는 접속 형태)'의 형식으로 주석을 작성한다. 쪽수가 명시되어 있지 않은 전자책은 인용된 부분의 장과 절을 밝힌다.

신문 기사를 인용했을 때는 '글쓴이명, 「기사 제목」, 『신문 이름』, 발행일, 인용 면수. '의 형태로 주석을 작성한다. 전자 출판된 신문 기사를 인용한 경우에는 '글쓴이명, 「기사 제목」, 『신문 이름』, 작성일, URL 주소, 인터넷 접속일.'의 형태로 작성한다.

인터넷으로 백과사전을 검색했을 때는 '검색어 "항목 이름", 『사전 이름』, 사이트 대표 주소, 접속일.'의 형식으로 각주를 작성한다. 유튜브와 같은 동영상 공유 플랫폼의 영상을 인용했을 경우, '채널명, 〈영상 이름〉, 게시일, URL 주소'의 형태로 각주를 작성한다.

그 외에 블로그나 웹사이트에 있는 글을 인용했을 때는, '글쓴이(작성자) 명, 「글 제목」, 『사이트 이름(블로그 이름)』, 작성일, URL 주소, 접속일.'의 형식으로 주석을 작성한다. 글쓴이를 알 수 없는 경우에는 '저자 미상'으로 기재한다.

[표 4-4] 기타 자료 출처 표기 방식

구 분	예 시
전자책	• 박종기, 『새로 쓴 오백 년 고려사』, 알라딘, 2020, 56쪽, 알라딘 전자책. • 조성준, 『세상을 읽는 새로운 언어, 빅데이터』, 북큐브네트웍스, 2019, 1부: 무한한 가능성의 시작, eBOOK.
신문기사	• 최승표, 「성곽 따라 서울 한 바퀴, 어제로 떠나는 가을 여행」, 『중앙일보』, 2020.10.30., 22면. • 이기환, 「기로신들을 위한 연회 그런 '기사계첩' 한 건 더 국보 된다」, 『경향신문』, 2020.10.29., http://news.khan.co.kr/kh_news/khan_art_view.html?artid= 202010291535001&code=960201, 접속일: 2020.10.30.
인터넷백과사전 동영상	• 검색어 "덕수궁", 『한국민족문화대백과사전』, https://encykorea.aks.ac.kr/, 접속일: 2020.10.28. • EBSCulture, 〈세상의 모든 법칙 - 열하일기 #001〉, 게시일: 2017.08.24., https://www.youtube.com/watch?v=iF3Y7qo3EFA.
웹 사이트	• 최선주, 「중국 신화: 중국 신화의 대표적 신」, 『동양북스』, 2016.06.09., https://blog.naver.com/dymg98/220731454179URL, 접속일: 2018.06.10. • 지현애, 「2020 언택트 전자정보박람회 개최 안내」, 『한경대학교 중앙도서관』, 2020.10.26., https://lib.hknu.ac.kr/#/guide/notice/776?offset=0&max=20, 접속일: 2020.10.30.

(2) 주석

주석은 본문에서 다 하지 못한 설명이나 참고 사항을 보완하기 위해 본문 밖에 덧붙이는 글이다. 주석은 독자의 이해를 돕고, 글의 흐름을 방해하지 않으면서도 필요한 정보를 제공하는 학술적 장치이다. 즉, 주석은 본문에 실리지 않은 '숨은 설명'을 담당하며, 글쓴이가 참고한 정보의 출처를 제시하거나 개념을 보충하는 기능을 수행한다. 본문 내용을 지나치게 길거나 복잡하게 만들지 않으면서도, 연구의 정확성과 투명성을 높이는 역할을 한다.

주석은 크게 내용 주석(content note)과 출처 주석(reference note)으로 구분된다. 내용 주석은 본문에 포함하기에는 지나치게 장황하거나 보조적인 설명을 덧붙일 때 사용한다. 예를 들어, 개념의 역사적 변천, 이론의 배경, 추가 사례 등을 제공할 때 유용하다. 글의 중심 논지는 아니지만 독자가 이해를 확장하는 데 도움이 되는 정보가 이에 해당한다. 출처 주석은 인용한 자료의 출처를 밝히는 역할을 한다. 본문에서 간단히 저자명과 연도만 표기하는 대신, 주석에 보다 자세한 출처 정보를 제공함으로써 참고문헌과의 연계를 강화하는 방식이다.

주석 표기 방식은 사용되는 인용 스타일에 따라 다를 수 있다. 일반적으로 각주 방식은 페이지 하단에, 미주 방식은 장 또는 문서의 끝에 주석을 모아 제시한다. 번호는 보통 본문에서 위 첨자(1), 2), 3)) 형태로 표시하며, 번호 매기는 방식은 문서 전체에서 일관되게 유지해야 한다. 주석의 길이는 너무 길지 않도록 제한하는 것이 원칙이며, 본문과 주석의 글자 크기와 행간도 일정한 규칙에 따라 작성해야 한다.

주석을 사용할 때 가장 중요한 원칙은 필요한 경우에만 간결하게 사용한다는 점이다. 주석이 지나치게 많거나 장황하면 오히려 독자의 집중을 흐릴 수 있으며, 본문과의 연결도 약해진다. 반대로 필요한 정보를 주석으로 제공하지 않으면 연구의 신뢰성을 떨어뜨릴 수 있다. 주석은 글의 논지를 방해하지 않으면서도, 글쓴이의 연구 과정과 사고 흐름을 보조적으로 드러내는 장치라는 점을 기억해야 한다.

주석 작성 시 다음과 같은 사항을 유의해야 한다. 첫째, 본문과의 관계를 명확히 한다. 주석은 본문과 직접적으로 연관된 보조적 정보만 포함해야 하며, 전혀 새로운 주장이나 논지를 전개하는 장으로 사용해서는 안 된다. 둘째, 출처 표기 방식은 일관성을 유지해야 한다. 특히 학위논문이나 학술지 투고 시에는 해당 기관의 규정을 확인하여 정확한 형식을 따라야 한다. 셋째, 주석의 분량을 적정하게 유지한다. 주석이 지나치게 많아지면 본문과 주석의 경계가 모호해지고, 독자에게 불필요한 부담을 줄 수 있다.

결국, 주석은 본문을 보완하는 '보조 장치'이며, 연구의 개방성과 투명성을 높이는 중요한 기능을 담당한다. 주석을 적절히 활용하면 글의 깊이와 전문성이 향상되며, 독자는 보다 정확하게 내용을 이해할 수 있다. 반대로 주석을 남용하면 글의 흐름을 방해하거나 과도하게 기술적이 되어 독해를 어렵게 할 수 있다. 따라서 주석은 과하지 않게, 그러나 필요한 경우 정확하게 작성하는 균형 감각이 중요하다.

(3) 참고문헌

참고문헌은 논문이나 보고서에서 인용하거나 참고한 모든 자료의 목록으로, 연구의 신뢰성을 증명하고 독자가 출처를 직접 확인할 수 있도록 하는 장치이다. 즉, 참고문헌은 연구자가 사용한 지식의 경로를 보여주는 '지적 발자국'이라 할 수 있다. 이를 통해 독자는 연구가 어떤 근거 위에서 이루어졌는지, 또 연구자가 기존 학문과 어떻게 대화하고 있는지를 이해할 수 있다.

참고문헌 작성의 일반적인 원칙은 다음과 같다. 첫째, 본문에 인용된 자료만 포함한다. 본문에서 한 번이라도 언급된 문헌은 반드시 참고문헌에 들어가야 하며, 반대로 인용하지 않은 자료를 임의로 추가하는 것은 바람직하지 않다. 둘째, 형식을 통일한다. 서지정보의 배열 순서(저자명–발행연도–제목–출판사)는 한 가지 방식으로 정하면 끝까지 일관되게 유지해야 한다. 셋째, 국문 문헌은 가나다순, 외국 문헌은 알파벳순으로 정리한다. 동일 저자의 자료가 여러 개일 경우 발행연도 순으로 배열하며, 공동 저자는 원문에 제시된 순서를 그대로 따른다. 넷째, 모든 표기에는 정확성과 완결성을 유지한다. 저자 이름의 철자나 발행연도, 쪽수 표기에 오류가 있으면 인용 근거의 신뢰도가 떨어진다.

아래는 대표적인 참고문헌 작성 예시이다.

■ **단행본(책)**

▪ 김수진, 『학술논문 작성법』, 학문사, 2020.

▪ 박은영, 『대학생 글쓰기와 연구방법』, 한국출판사, 2022.

■ **학술논문(학회지 논문)**

▪ 이은지, 「대학생의 글쓰기 태도 연구」, 『한국글쓰기학회지』, 제8권 제2호, 한국글쓰기학회, 2021, 45~60쪽.

▪ 정유진, 「논증적 글쓰기에서 인용의 기능 분석」, 『글쓰기연구』, 제12권 제1호, 한국글쓰기학회, 2023, 33~48쪽.

■ **학위논문**

▪ 정미라,「창의적 글쓰기 교수법 연구」, 전북대학교 대학원 박사학위논문, 2022.

▪ 이서연, 「대학생의 학술적 글쓰기 능력 향상 방안 연구」, 예수대학교 대학원 석사학위논문, 2024.

■ **번역서**

▪ 브라이슨, 빌, 이덕환 옮김, 『거의 모든 것의 역사』, 서울: 까치, 2014.

▪ 루소, 장 자크, 홍길동 옮김, 『에밀』, 파주: 책세상, 2018.

■ **인터넷 자료**

▪ 교육부, 「대학생 글쓰기 교육 개선 방안」, 교육부 공식 홈페이지, https://www.moe.go.kr, 2023.

▪ 한국연구재단, 「학술논문 작성 지침」, https://www.nrf.re.kr, 2022.

참고문헌을 작성할 때는 각 항목 간의 구두점(쉼표, 마침표, 괄호 등)을 정확히 구분해야 하며, 한 줄이 길어질 경우에는 들여쓰기를 하여 시각적으로 정돈된 형태를 유지한다. 참고문헌 형식은 학문 분야나 기관별로 약간의 차이가 있으므로, 학교나 학회에서 제시하는 양식을 반드시 확인하고 따라야 한다.

특히 학문 분야마다 국제적으로 통용되는 참고문헌 양식이 있으며, 이를 '스타일 가이드(Style Guide)'라고 부른다. 대표적인 예로 APA, NLM, MLA, Chicago 스타일 등이 있다. 각 스타일은 학문 분야와 출판 기관의 요구에 따라 세부 형식이 다르며, 인용 표기법과 참고문헌 배열 방식에도 차이가 있다.

① APA 스타일

APA(American Psychological Association) 스타일은 심리학, 사회과학, 교육학 등 다양한 학문 분야에서 널리 사용되는 참고문헌 및 논문 작성 형식으로, 명확성과 일관성을 강조한다. 주요 특징은 다음과 같다.

- **저자-연도 인용 방식**: 본문에서 인용 시 저자의 성과 출판 연도를 괄호 안에 표기한다. (예: Smith, 2020)
- **참고문헌 목록 (References)**: 본문에 인용된 자료만 참고문헌 목록에 포함하며, 목록은 알파벳순으로 정렬한다.
- **이중 줄 간격 사용**: 본문과 참고문헌 모두 이중 줄 간격을 사용한다.
- **첫 줄 들여쓰기**: 참고문헌의 두 번째 줄부터는 0.5인치 들여쓰기를 적용한다.
- **일관된 제목 표기법**: 참고문헌의 제목은 첫 단어와 고유 명사만 대문자로 표기하며, 나머지는 소문자로 작성한다.

[표 4-5] APA 참고문헌 작성법

<table>
<tr><th>구 분</th><th>형식과 예시</th></tr>
<tr><td rowspan="2">저서</td><td>• 형식: Author, A. A. (Year). Title of the book: Subtitle. Publisher.
• 예시: Smith, J. A. (2020). Nursing ethics in practice. Oxford University Press.</td></tr>
<tr><td>• 형식: 저자 성, 이니셜. (년). 책 제목. 출판사.
• 예시: Brown, L. S. (2018). 학습의 심리학. 학문 출판사.</td></tr>
<tr><td rowspan="2">학술논문
(저널 기사)</td><td>• 형식: Author, A. A., & Author, B. B. (Year). Title of the article. Title of the Journal, volume(issue), page range. https://doi.org/xxxx
• 예시: Brown, L. T., & Green, R. J. (2019). The role of mindfulness in nursing education. Journal of Nursing Studies, 58(4), 345-359. https://doi.org/10.1234/jns.2019.58.4.345</td></tr>
<tr><td>• 형식: 저자 성, 이니셜. (년). 기사 제목. 저널 이름, 권(호), 페이지 번호.
• 예시: Smith, J. A., & Lee, L. O. (2024). 이해와 교육의 발전. 교육 심리 저널, 29(2), 115-123.</td></tr>
<tr><td rowspan="2">웹 사이트</td><td>• 형식: Author, A. A. (Year, Month Day). Title of the webpage. Website Name. URL
• 예시: World Health Organization. (2021, June 10). Infection prevention and control. WHO. https://www.who.int</td></tr>
<tr><td>• 형식: 저자 성, 이니셜. (년, 월 일). 문서 제목. 웹사이트 이름. URL
• 예시: Kim, H. (2021, 5월 10일). 온라인 학습 전략. 교육 혁신 블로그. https://www.edublog.com/online-learning-strategies</td></tr>
<tr><td>도서의 특정 장</td><td>• 형식: Author, A. A. (Year). Title of the chapter. In Editor(s) (Ed(s).), Title of the book (pp. page range). Publisher.
• 예시: Johnson, E. K. (2018). Fundamentals of pediatric nursing. In R. Smith (Ed.), Advanced nursing practice (pp. 15-25). Elsevier.</td></tr>
<tr><td>보고서</td><td>• 형식: Author, A. A. (Year). Title of the report (Report No. xxx). Publisher.
https://doi.org/xxxx
• 예시: National Institute of Health. (2020). Advances in nursing research (Report No. 2020-345). NIH. https://doi.org/10.5678/nih.2020.345</td></tr>
</table>

② NLM 스타일

NLM 스타일은 미국 국립의학도서관(National Library of Medicine)에서 제시한 참고문헌 작성 방식으로, 의학·보건·간호학 분야에서 주로 사용된다. 이 형식은 '밴쿠버(Vancouver) 스타일'이라고도 하며, 본문에서 참고문헌 번호를 이용해 인용하는 것이 특징이다. 주요 특징은 다음과 같다.

- **숫자 기반 인용**: 본문에서 참고문헌을 인용할 때, 각 자료에 번호를 부여한다(예: [1], [2]). 참고문헌 목록은 본문에서 인용된 순서대로 배열한다.
- **간결한 형식**: 저자 이름은 성부터 시작하며, 최대 6명까지 표기하며, 6명을 초과할 경우 "et al."로 표기한다. 제목, 저널명, 출판 연도, 권(호), 페이지 번호를 간결하게 작성한다.

[표 4-6] NLM 참고문헌 작성법

구 분	형식과 예시
저서	• 형식: Author(s). Title of the book. Edition (if applicable). Place of publication: Publisher; Year. • 예시: Smith JA, Brown K. Clinical nursing skills. 3rd ed. New York: McGraw-Hill; 2015.
	• 형식: 저자 성 이니셜. 책 제목. 판차 (해당 시). 발행지: 출판사; 출판 연도. • 예시: 홍길동. 학습 심리학. 서울: 학문 출판사; 2022
학술논문 (저널 기사)	• 형식: Author(s). Title of the article. Abbreviated Journal Title. Year;Volume(Issue):Page range. • 예시: Lee HJ, Kim YS. Patient safety in emergency nursing. J Nurs Educ Pract. 2020;12(4):45-51.
	• 형식: 저자 성 이니셜, 저자 성 이니셜. 기사 제목. 저널 약어 이름. 연도;권(호):페이지 번호 • 예시: 홍길동. 이해와 교육의 발전. 교육 심리학 저널. 2024;29(2):115-123
온라인 자료 (학술논문, 보고서 등)	• 형식: Author(s). Title of the article. Abbreviated Journal Title [Internet]. Year [cited Year Month Day];Volume(Issue):Page range. Available from: URL • 예시: Jones A, Carter R. Advances in telemedicine. Int J Med Technol [Internet]. 2019 [cited 2023 Jan 5];15(2):120-6. Available from: https://www.medtechjournal.org
	• 형식: 저자 성 이니셜. 문서 제목. 웹사이트 이름. 발행지: 발행 기관; 발행 연도 [업데이트 연도 월 일; 참조 연도 월 일]. URL • 예시: 홍길동. 온라인 학습 전략. 교육 혁신 블로그. 서울: 교육 혁신 센터; 2021 [업데이트 2021 5월 10일; 참조 2024 11월 23일]. https://www.edublog.com/online-learning-strategies
도서의 특정 장	• 형식: Author(s) of the chapter. Title of the chapter. In: Editor(s), editors. Title of the book. Place of publication: Publisher; Year. p. Page range. • 예시: Johnson B. Fundamentals of pediatric nursing. In: Smith R, editor. Advanced nursing practice. London: Elsevier; 2018. p. 15-25.
웹 사이트	• 형식: Author(s) (if available). Title of the webpage. Place of publication: Publisher; Year [updated Year Month Day; cited Year Month Day]. Available from: URL • 예시: World Health Organization. Infection prevention and control. Geneva: WHO; 2020 [updated 2021 Jun 10; cited 2023 Jan 5]. Available from: https://www.who.int

2. 실용적 글쓰기

1) 자기소개서

(1) 자기소개서의 개념과 목적

자기소개서는 개인의 경험과 역량, 가치관을 구조화하여 독자에게 효과적으로 전달하는 실용적 글쓰기의 한 유형이다. 대학생에게 자기소개서는 입학 전형이나 장학금 신청서, 교내외 실습기관 선정, 취업 지원 등 다양한 현실적 맥락에서 요구되는 필수적인 글쓰기이다. 일반적으로 이력서와 함께 제출되며, 지원자의 과거 경험과 현재 역량, 미래 가능성까지를 종합적으로 보여주는 중요한 자료로 작용한다.

자기소개서는 단순히 자신을 소개하는 글이 아니다. 자기소개서는 입학사정관, 인사담당자, 심사위원과 같은 독자로 하여금 글쓴이를 선발할 이유를 납득하도록 만드는 전략적 글쓰기이다. 글쓴이는 자신이 어떤 사람인지, 어떤 경험을 통해 성장했는지, 그리고 앞으로 어떤 기여를 할 수 있는지를 설득력 있게 서술해야 한다. 즉, 자기소개서는 개인의 삶을 요약한 이야기이자, 글쓴이의 가능성과 신뢰성을 부각하는 '자기 마케팅' 문서라 할 수 있다.

자기소개서는 주로 다음과 같은 목적을 가진다. 첫째, 자신의 경험을 구조화하는 것이다. 어떤 경험을 했고, 그것이 자신에게 어떤 의미였으며, 어떤 성장을 이루었는지를 정리하면서 글쓴이는 자기 성찰의 기회를 갖게 된다. 경험을 단순히 나열하는 것이 아니라, 그 안에서 배우고 변화한 점을 설명하는 과정을 통해 자신의 정체성을 정리하게 되는 것이다.

둘째, 자기소개서는 자신의 역량을 입증하는 근거 자료로 작용한다. 특히 취업용 자기소개서에서는 해당 기업이나 직무에 필요한 역량을 자신이 실제로 갖추고 있음을 구체적인 사례를 통해 보여주는 것이 중요하다. 이때 독자의 기대와 요구를 정확히 파악하고, 그에 맞춰 자신의 경험을 선택하고 강조해야 설득력이 높아진다.

셋째, 자기소개서는 미래의 계획과 기여 가능성을 제시하는 역할을 한다. 단순한 희망 사항이 아니라, 자신의 과거 경험과 현재 역량에 기반하여 어떤 방식으로 앞으로 발전할 것이며, 지원 기관이나 조직에 어떤 기여를 할 수 있는지를 설득력 있게 제시해야 한다. 이 점에서 자기소개서는 과거를 바탕으로 현재를 설명하고, 미래를 제안하는 일종의 '성장 스토리'이자 '미래 제안서'라 할 수 있다.

활용 맥락에 따라 자기소개서의 초점은 다소 달라질 수 있다. 예를 들어, 취업용 자기소개서는 직무 관련 경험과 문제 해결 능력, 협업 역량 등을 중심으로 서술하는 것이 바람직하다. 반면, 장학금 신청용 자기소개서에서는 학업 목표, 재정 상황, 장학금 수혜의 필요성 등이 강조되며, 실습기관 지원을 위한 자기소개서에서는 실습의 목적과 기대 효과, 배움에 대한 태도 등이 핵심이 된다. 하지만 어떤 유형의 자기소개서이든 공통적으로 중요한 것은 독자의 요구와 지원 목적을 중심으로 자신의 경험과 강점을 구조화하여 설득하는 것이다.

따라서 자기소개서를 잘 쓰기 위해서는 자기 자신에 대한 깊은 이해는 물론, 독자의 관점에서 읽기 쉬우면서도 신뢰와 호감을 주는 글을 구성하는 능력이 필요하다. 자기소개서는 개인적인 글이지만 동시에 사회적 설득을 위한 글이기도 하므로, 사실성, 논리성,

독창성, 정서적 공감의 요소를 균형 있게 갖춰야 한다. 이는 단순히 좋은 문장을 쓰는 문제가 아니라, 자신을 '어떻게 바라보고 해석할 것인가'에 대한 고민과 훈련이 수반되어야 가능한 일이다.

(2) 자기소개서의 구성

자기소개서는 일반적으로 정형화된 몇 가지 핵심 요소를 중심으로 구성된다. 지원 기관이나 기업, 프로그램에 따라 요구하는 항목은 조금씩 다르지만, 자기소개서의 목적이 글쓴이가 왜 이 자리에 적합한 사람인지를 설득하는 데 있다는 점에서는 공통적인 구조적 특징을 가진다. 자기소개서는 흔히 서론-본론-결론의 글쓰기 구조를 따르거나, 항목별 문항에 따라 단락을 나누는 형식을 취한다. 어떤 방식이든 핵심은 독자가 글쓴이의 역량과 인성을 파악하고, 그 사람을 선발할 타당한 이유를 발견할 수 있게 하는 데 있다.

첫 번째 구성 요소는 '성장 배경'이다. 자기소개서는 자신의 어린 시절부터 현재까지 어떤 가치관과 태도를 형성하게 되었는지 설명하는 것으로 시작하는 경우가 많다. 여기서는 가정 환경, 학교 생활, 개인적 사건 등을 통해 자신이 어떤 영향을 받아 어떤 사람으로 성장했는지를 보여준다. 단, 모든 시기의 일을 연대기적으로 나열하기보다는, 자신이 지원한 분야나 기관과 관련 있는 한두 가지 경험을 중심으로 구성하는 것이 좋다. 예를 들어 어릴 적 봉사활동 경험이 나중에 사회복지학 전공으로 이어졌다면, 그 경험을 중심으로 구성하는 방식이다. 중요한 것은 그 경험을 통해 어떤 깨달음이나 변화가 있었는지를 서술하는 것이다.

두 번째는 '성격의 장단점'이다. 자기 자신을 객관적으로 이해하고 있다는 인상을 주기 위해 성격을 드러내는 것은 효과적이다. 강점을 언급할 때는 막연히 "성실하다", "책임감이 있다"라고만 쓰지 말고, 그것이 발휘된 구체적 사례를 함께 제시해야 한다. 단점의 경우도 단순히 나열하는 것이 아니라, 그것을 어떻게 극복하려 노력했는지, 그 과정에서 어떤 성찰을 했는지를 함께 서술해야 글쓴이의 진정성과 성장 가능성이 드러난다. 단, 지원하는 분야와 직결된 치명적인 약점은 굳이 언급하지 않는 것이 바람직하다.

세 번째 구성 요소는 '지원 동기'이다. 자기소개서에서 가장 중요한 항목 중 하나이며, 전체 글의 중심이 되는 내용이다. "왜 이 조직인가?", "왜 이 분야인가?"에 대해 구체적으로 설명해야 한다. 막연한 열정이나 추상적인 바람만을 나열하기보다는, 자신이 이 조직을 선택하게 된 계기, 이 분야에 관심을 갖게 된 배경, 그리고 그것을 위해 준비해 온 과정 등을 논리적으로 연결하여 제시하는 것이 설득력을 높인다. 기업이나 기관의 철학이나 비전과 자신이 지향하는 가치가 얼마나 부합하는지를 설명하는 것도 효과적이다. 실제 조사에 따르면, 기업 인사담당자들이 자기소개서를 통해 가장 중점적으로 확인하는 부분이 바로 '지원 동기'라는 점에서 이 항목의 중요성은 매우 크다.

네 번째는 '향후 목표(입사 후 포부, 학업 계획 등)'이다. 자기소개서의 마무리에서는 자신이 이 기회를 통해 어떤 성장을 이루고 싶은지, 그리고 어떤 기여를 할 수 있는지를 구체적으로 제시한다. 이때 단기적 계획과 장기적 비전을 균형 있게 배치하면 더욱 설득력 있다. 예를 들어 "입사 후 2년간은 현장 경험을 통해 전문성을 키우고, 이후에는 프로젝트를 주도하며 팀을 이끄는 리더가 되겠다"처럼 구체적이고 현실적인 목표를 서술하면 좋다. 이 부분은 단순히 바람을 표현하는 곳이 아니라, 자신의 역량과 경험이 미래 비전에 어떻게 연결되는지를 논리적으로 구성하는 자리이다.

이 외에도 자기소개서에는 경우에 따라 학업 및 경력 사항, 지원 분야 관련 경험, 협업 또는 리더십 경험, 성취 사례 등을 기술하는 항목이 포함될 수 있다. 그러나 이런 세부 문항들도 결국 앞서 설명한 구성 요소들을 항목별로 나눈 것에 불과하다. 예를 들어 협업 경험을 묻는 질문은 성격과 역량을 평가하기 위한 것이며, 성취 사례를 묻는 항목은 지원 동기나 포부와 연결되기 마련이다.

이러한 내용을 효과적으로 전달하기 위해 자기소개서는 보통 다음과 같은 구조를 따른다. 첫째, 글의 서두에서는 글쓴이의 강점을 간결하게 보여줄 수 있는 정체성 문장으로 시작한다. 예를 들어 "도전 앞에서 두려움보다 책임감을 먼저 생각하는 사람, 바로 저입니다"처럼 독자의 흥미를 끌고, 글쓴이의 핵심 이미지를 각인시키는 문장이 효과적이다. 둘째, 본론에서는 중요한 경험을 중심으로 자신의 역량과 태도를 보여준다. 이때는 '상황–행동–결과'라는 구조를 따라 작성하면 내용이 자연스럽게 전개된다. 셋째, 결론에서는 자신의 비전과 목표를 정리하고, 그동안 보여준 역량이 향후 어떤 방식으로 실현될 수 있는지를 구체적으로 연결하여 제시한다.

자기소개서 전체는 대개 과거의 나(성장 배경과 경험), 현재의 나(성격과 역량), 미래의 나(지원 동기와 포부)를 시간의 흐름에 따라 배열하는 것이 일반적이다. 이러한 구성은 글의 일관성을 높일 뿐만 아니라, 독자가 글쓴이의 인성과 성장 가능성을 통합적으로 이해할 수 있게 해준다. 중요한 것은 어떤 형식을 따르더라도 독자의 입장에서 설득력 있게 읽힐 수 있도록 자신의 경험을 구조화하고, 그 경험 속에서 무엇을 배우고 어떤 태도를 키웠는지를 분명하게 전달하는 것이다.

(3) 자기소개서 작성 방법

자기소개서는 단순한 소개 글이 아니라, 자신의 역량과 가능성을 설득력 있게 드러내는 글이다. 따라서 작성 과정에서는 단순히 글을 쓰는 것을 넘어, 경험을 정리하고, 핵심 내용을 선택하며, 그 경험을 의미 있게 해석하고, 효과적으로 표현하는 일련의 과정을 거쳐야 한다. 이러한 흐름은 자기소개서의 내용과 표현을 모두 강화하는 데 필수적이다.

첫째, 경험을 정리하는 단계이다. 자기소개서를 잘 쓰기 위해서는 먼저 자신이 해 온 경험들을 목록화할 필요가 있다. 학업, 아르바이트, 대외활동, 동아리, 봉사활동, 인턴 경험 등 삶의 다양한 순간들을 되돌아보며, 단순히 활동 이름만 나열하는 것이 아니라 그 경험의 맥락(언제, 어떤 환경에서), 역할(무엇을 맡았는지), 행동(어떻게 했는지), 성과(어떤 결과가 있었는지), 그리고 그로부터의 배움까지 함께 정리해 두면 글감으로 활용하기 좋다.

둘째, 핵심 경험을 선택하는 단계이다. 정리된 경험들 중에서 지원하는 기관이나 문항의 요구에 가장 적합한 경험을 골라야 한다. 이때 중요한 것은 활동의 규모보다 어떤 역량이 드러나는가이다. 예컨대 단기간의 소규모 활동이라도 자신의 리더십, 협업 능력, 문제해결력, 책임감 등을 명확히 보여준 경험이라면 훨씬 효과적인 글감이 된다.

셋째, 경험을 재구성하는 단계이다. 단순히 "무엇을 했다"는 나열이 아니라, 그 경험을 통해 내가 어떤 성장과 변화를 이루었는지를 보여줘야 한다. 이때는 흔히 STAR 기법 즉, 상황(Situation), 과제(Task), 행동(Action), 결과(Result)를 응용하면 도움이 된다. 예를 들어, "홍보팀 활동 중 SNS 팔로워 수를 늘리기 위해 자체 캠페인을 기획하고 실행했으며, 한 달 만에 팔로워 수가 40% 증가했다"와 같은 구조화된 표현은 설득력과 구체성을 동시에 갖춘 서술이다.

넷째, 문장으로 표현하는 단계이다. 구조화된 내용을 자연스럽고 논리적인 흐름으로 문장화해야 한다. 이때 주의할 점은 문장이 장황하거나 반복적이지 않도록, 짧고 명료하게 구성하는 것이다. 하나의 단락에는 하나의 중심 메시지만 담는 것이 좋으며, 각 단락은 서로 유기적으로 연결되어 전체 자기소개서의 흐름 속에 하나의 메시지를 구축해야 한다.

이러한 구조화 과정을 바탕으로 자기소개서를 실제로 작성할 때는 다음과 같은 원칙과 전략을 함께 고려하는 것이 좋다.

우선, 목적과 독자에 맞게 글을 구성해야 한다. 자기소개서는 글쓴이를 평가하고 선발할 사람들에게 읽히는 글이므로, 그들이 알고 싶어할 정보에 집중해야 한다. 예를 들어, 취업용 자기소개서에서는 해당 직무와 관련된 경험과 역량을 중심으로 구성해야 하며, 장학금 신청용이라면 학업 성취도와 성장 가능성을 중심으로 써야 한다. "나는 누구인가?"보다 "왜 이 자리에 적합한 사람인가?"에 초점을 맞춰 글을 구성해야 한다.

다음으로, '보여주기'식 서술이 중요하다. 단순히 "책임감이 강하다", "도전정신이 있다"는 식의 자기진술보다는, 그 성격이 드러나는 구체적인 경험을 통해 독자가 스스로 판단할 수 있도록 유도해야 한다. “학급 회장을 맡아 친구들의 의견을 취합해 교내 축제를 기획했다”는 문장은 ‘책임감’과 ‘조율 능력’을 자연스럽게 드러낸다. 특히 수치, 결과, 피드백 등 측정 가능한 정보를 함께 제시하면 신뢰도가 높아진다.

또한 근거 중심의 주장을 전개해야 한다. 자기소개서는 자기홍보의 성격을 띠지만, 동시에 일종의 논증문이기도 하다. 자신의 강점을 주장했다면 그에 대한 구체적인 근거가 반드시 뒤따라야 한다. 주장만 반복되고 근거가 부족할 경우 글 전체의 설득력은 크게 떨어진다. 이러한 점에서 STAR 기법이나 상황–과정–행동–결과–배운 점의 구조를 활용하면, 경험을 체계적으로 제시하며 주장을 자연스럽게 뒷받침할 수 있다.

더불어, 간결하고 명확한 문장 사용은 기본이다. 자기소개서는 분량이 한정되어 있기 때문에 군더더기 없이 핵심을 전달하는 것이 중요하다. 단문 중심으로 문장을 구성하되, 글의 리듬감을 고려해 적절한 연결어를 사용한다. 특히 도입부에서 독자의 주의를 끌 수 있는 문장을 배치하는 것도 효과적이다. 예를 들어 인상 깊은 경험으로 글을 시작하거나, 질문형 문장을 활용해 흥미를 유도하는 방식이 있다.

마지막으로, 논리적 흐름과 일관된 메시지를 유지해야 한다. 자기소개서의 각 항목은 독립적인 듯 보여도 결국 하나의 인상을 전달하는 글이다. 따라서 성장 배경, 성격, 지원 동기, 포부 등 각각의 항목이 같은 강점과 이미지를 중심으로 구성되어야 일관된 인상을 남길 수 있다. 예를 들어 ‘소통 능력’이 핵심 메시지라면, 성장 배경에서도 이를 보여주는 경험을 제시하고, 성격 설명에서도 이를 강조하며, 지원 동기나 포부에서도 이 역량을 연결해 서술하는 방식이 바람직하다.

작성 후에는 맞춤법, 문법, 분량, 형식 등을 철저히 점검해야 한다. 문법 오류나 맞춤법 실수는 자기표현에 대한 기본적인 성실성 부족으로 비춰질 수 있으며, 이는 평가에 치명적일 수 있다. 제출 전에 소리 내어 읽어보며 문장의 자연스러움을 점검하고, 글의 구조와 논리가 통일되어 있는지, 단락 구성이 균형 잡혀 있는지를 꼼꼼히 살펴야 한다. 필요하다면 대학의 글쓰기 클리닉이나 취업지원센터의 피드백을 받는 것도 좋은 방법이다.

결국 자기소개서 작성은 '글쓰기'의 형식 안에서 '자기 이해'와 '독자 설득'을 함께 실현하는 작업이다. 자신이 어떤 사람인지를 돌아보고, 그것을 독자가 납득할 수 있게 전달하기 위한 치밀한 전략과 표현 능력이 요구된다. 글의 외형보다 내용과 구조, 그리고 설득의 논리가 중요한 이유이다.

(4) 자기소개서 작성 시 유의점

자기소개서를 잘 쓰기 위해서는 단지 무엇을 쓸까보다도, 무엇을 피해야 할까를 함께 고민해야 한다. 많은 입학사정관, 인사담당자, 심사위원들은 '좋은 자기소개서'만큼이나 '나쁜 자기소개서'의 유형을 명확히 지적하며, 기본적인 주의사항만 잘 지켜도 충분히 좋은 글을 쓸 수 있다고 조언한다.

첫째, 두서없이 산만한 전개를 피해야 한다. 자기소개서에서 다양한 이야기를 끌어오는 것은 중요하지만, 지나치게 많은 이야기를 요점 없이 나열하면 독자의 몰입도가 떨어진다. 한 문항에는 하나의 메시지를 중심에 두고, 그 중심을 뒷받침할 수 있는 경험과 근거로 내용을 구성해야 한다. 글의 전체 흐름은 서론-본론-결론 구조를 따르되, 각 단락이 유기적으로 연결되어야 한다. 만약 문항이 따로 제시되어 있다면, 문항별로 요구하는 주제를 정확히 파악하고 하나의 주제에 집중하는 것이 좋다.

둘째, 추상적 표현과 근거 없는 자기평가는 지양해야 한다. "책임감이 강하다", "성실하다", "긍정적인 마인드를 갖고 있다" 등은 자주 쓰이는 형용사들이지만, 그 자체로는 신뢰를 주지 못한다. 모든 주장에는 반드시 구체적인 근거가 뒤따라야 설득력을 갖는다. 예를 들어 "책임감이 강하다"는 표현에는, 언제 어떤 상황에서 어떤 책임을 맡았고 어떤 결과를 얻었는지를 구체적으로 덧붙여야 한다. 형용사를 사용하기보다 행동 중심의 서술을 통해 자신의 태도와 역량을 드러내는 것이 바람직하다.

셋째, 상투적이고 진부한 표현은 피한다. 인터넷에 흔히 떠도는 예문이나 명언, 속담을 그대로 사용하는 것은 지원자의 개성과 진정성을 약화시키는 요인이다. "돌다리도 두드려보고 건넌다", "나는 늦게 피는 꽃이다" 같은 문장들은 너무 자주 사용되어 감점의 대상이 되기 쉽다. 자기소개서는 자기만의 목소리와 이야기로 설득해야 하며, 아무리 작은 경험이라도 자신의 문장으로 풀어낸 진솔한 이야기가 더 높은 평가를 받는다.

넷째, 지원 기관·기업에 대한 정보 부족은 치명적이다. 학교나 기업의 이름을 틀리는 경우는 기본적인 성의 부족으로 간주되며, 기업 특성과 무관한 지원 동기를 작성하는 것도 마찬가지다. 인사담당자나 사정관은 이 글이 자신들에게만 맞춤화된 것인지, 아니면 여러 기관에 복사해 제출하는 범용 자기소개서인지 금방 알아챌 수 있다. 따라서 각 기관의 가치, 인재상, 사업 방향 등을 미리 조사하고 그에 맞춘 내용 구성이 필요하다.

다섯째, 자기소개서는 공식적인 글쓰기라는 점을 잊지 말아야 한다. SNS나 메시지처럼 구어체로 작성하는 실수를 피하고, 문어체로 진지하면서도 자연스럽게 표현하는 것이 바람직하다. 맞춤법과 띄어쓰기, 문장부호의 정확성은 기본이다. 너무 어렵고 딱딱하게 쓸 필요는 없지만, 기본적인 글쓰기 예절을 지키는 것은 평가자의 신뢰를 얻는 첫걸음이다.

여섯째, 거짓이나 과장된 내용은 절대 피해야 한다. 자기소개서에서 과장된 표현을 사용하는 경우 면접이나 이후의 실제 활동에서 진실성이 쉽게 드러나며, 탈락이나 이미지 훼손으로 이어질 수 있다. 또한 기업이나 기관은 지원자의 발전 가능성을 중요하게 여기므로, 부족하더라도 꾸준히 성장하고 있다는 진솔한 메시지를 전하는 것이 더 좋은 평가를 받을 수 있다.

일곱째, 글의 앞뒤 논리가 일관되어야 한다. 자기소개서의 각 항목은 독립적인 듯 보이지만 결국 하나의 인상을 전달한다. "협업을 중요하게 생각한다"는 메시지와 "혼자 일하는 것이 더 편하다"는 메시지가 동시에 등장하면, 전체 신뢰도를 잃게 된다. 글을 다 쓰고 나서 처음부터 끝까지 통독하면서 핵심 메시지가 일관되게 유지되고 있는지를 점검해야 한다.

아래의 예시는 잘못된 자기소개서 표현과 그것을 어떻게 개선할 수 있는지를 보여주는 실제 예이다.

> "성실하고 정직한 부모님 밑에서 자라며 저도 그런 성격을 갖게 되었습니다. 언제나 주어진 일을 성실히 해왔고, 맡은 바에 책임을 다 해왔습니다."

> "고등학교 시절 매주 주말마다 아버지의 가게 일을 도우며 작은 업무에도 책임감을 갖는 법을 배웠습니다. 특히 명절 연휴처럼 바쁜 시기에는 자발적으로 재고 정리를 맡아 고객 응대를 하며 실수 없는 업무 처리를 위해 노력했습니다. 이 경험은 어떤 일이든 성실하게 임하는 태도를 형성하는 데 큰 영향을 주었습니다."

이처럼 말로 설명하는 방식(tell)에서 경험으로 보여주는 방식(show)으로 바꾸면 글의 설득력과 인상이 크게 달라진다. 글쓴이가 구체적인 상황에서 어떤 태도를 보였는지를 중심으로 구성하면,

독자는 그 사람을 자연스럽게 떠올릴 수 있고, 글쓴이에 대한 호감과 신뢰도 높아진다.

자기소개서 쓰기는 한 번에 완성되는 글이 아니라, 계속 다듬고 수정해 가는 과정이다. 여러 차례 수정과 피드백을 통해 자기소개서의 품질을 높이는 경험은 글쓰기 실력뿐 아니라 자기이해와 표현력의 성장으로 이어질 수 있다.

아래는 자기소개서 작성의 원리를 적용한 예시이다. 실제 자기소개서는 기관이나 기업의 요구에 따라 형식이 다르므로, 이 예시는 글쓰기의 흐름을 이해하기 위한 참고용으로 제시한다.

> "저는 팀의 목표를 최우선으로 생각하며 갈등을 해결하는 데 강점을 가진 사람입니다. 2학년 교양 수업에서 진행된 팀 프로젝트에서 조장으로 참여하며 역할 분담과 일정 조율을 맡았습니다. 하지만 진행 과정에서 팀원 간 참여도 차이가 발생해 갈등이 생겼습니다. 저는 팀원 개개인의 의견을 듣고 서로의 역할을 조정하며 문제의 원인을 함께 분석했습니다. 그 결과 프로젝트가 안정적으로 진행되었고, 팀 전체가 발표 평가에서 우수한 성적을 얻었습니다. 이 경험을 통해 저는 협업에서 중요한 것은 단순한 역할 수행이 아니라, 구성원 간의 신뢰와 조율 능력이라는 점을 배웠습니다. 앞으로도 이러한 태도를 바탕으로 공동의 목표를 효과적으로 달성하기 위해 노력하겠습니다."(협업 역량을 강조한 자기소개서 단락)

자기소개서 글쓰기 능력을 향상시키기 위해서는 자신의 경험을 중심으로 역량을 드러내고, 이를 향후 목표와 연결하는 단락을 구성하는 연습이 필요하다. 아래에 제시된 항목 가운데 하나를 선택하여, 실전 자기소개서에 준하는 분량으로 약 10문장 내외의 글을 구성하도록 한다. 이때 경험 중심의 서술에서 출발하여 역량을 강조하고, 미래 지향적 관점으로 마무리하는 기본 흐름을 유지하는 것이 중요하다. 특히 자신의 이야기를 구체적으로 제시하는 데에 초점을 두어야 한다.

- 자신의 강점을 드러낼 수 있는 경험을 선택하여 서술하시오.
- 팀 프로젝트나 공동 활동에서의 갈등 해결 경험을 예로 들어 본인의 역할을 설명하시오.
- 앞으로 이루고 싶은 목표를 제시하고, 이를 실현하기 위해 어떤 노력을 기울여 왔는지 기술하시오.

■ 예시 1: 자신의 강점을 드러낸 자기소개서 단락

고등학교 시절, 저는 매주 지역 아동센터에서 학습봉사를 하며 꾸준함의 가치를 배웠습니다. 처음에는 낯선 아이들과의 거리감 때문에 어려움을 겪었지만, 포기하지 않고 지속적인 소통을 이어갔습니다. 아이들의 이름을 먼저 부르고, 그날 수업이 끝난 후 짧은 피드백을 나누는 방식으로 신뢰를 쌓아갔습니다. 그 결과 한 학기 후에는 아이들이 먼저 다가와 질문을 하고 웃으며 인사를 건네기 시작했습니다. 저는 이 경험을 통해 사람과 관계를 맺는 데 있어 진정성과 꾸준함이 가장 중요하다는 것을 체득했습니다. 이러한 태도는 이후 팀 프로젝트나 아르바이트에서도 신뢰를 쌓는 기반이 되었습니다. 무엇이든 쉽게 포기하지 않고 끝까지 책임지는 저의 성향은,

앞으로 공동의 목표를 이루는 조직생활에서도 큰 장점이 될 것이라 생각합니다. 앞으로도 저만의 방식으로 성실하게 관계를 맺고, 꾸준히 신뢰를 쌓아가는 구성원이 되고 싶습니다.

■ **예시 2: 팀 프로젝트나 공동 활동에서의 갈등 해결 경험**

대학생활 중 가장 기억에 남는 팀 프로젝트는 2학년 전공수업에서 진행된 영상 제작 과제였습니다. 프로젝트 초반, 팀원 간 역할 분담을 두고 의견이 엇갈리며 갈등이 생겼습니다. 저는 조장으로서 단순한 다수결이 아닌, 모두의 강점과 선호를 고려한 역할 재분배를 제안했습니다. 이를 위해 팀원 한 명 한 명과 짧은 인터뷰를 진행했고, 결과적으로 모든 팀원이 만족하는 구성이 만들어졌습니다. 그 과정에서 자연스럽게 팀워크가 강화되었고, 최종 발표에서는 교수님으로부터 기획력과 협업 능력을 모두 인정받았습니다. 이 경험을 통해 저는 조율과 경청의 힘을 배웠고, 공동의 목표를 위해 갈등을 해결하는 리더십의 중요성을 체감했습니다. 앞으로 조직 내에서 다양한 의견이 충돌하더라도, 저는 구성원 간의 다리 역할을 하며 문제를 해결해나가는 사람이고 싶습니다.

■ **예시 3: 앞으로 이루고 싶은 목표와 이를 위한 노력**

저는 미래에 '교육 콘텐츠를 기획하는 전문가'가 되고 싶습니다. 중·고등학생 시절, 인터넷 강의의 도움을 많이 받았던 경험이 있어, 좋은 교육 콘텐츠가 삶의 방향을 바꿀 수 있다는 것을 체감했습니다. 이 목표를 이루기 위해 현재 교육학과에서 학업에 성실히 임하며, 콘텐츠 기획 관련 교양 강좌도 함께 수강 중입니다. 또, 교내

온라인 학습 플랫폼 개선 프로젝트에 참여해 사용자 인터뷰를 진행하고, 피드백을 바탕으로 콘텐츠 구조를 제안해보기도 했습니다. 이러한 실무 경험은 제가 단순한 이론이 아니라 실제 사용자 중심의 기획을 고민하게 해주었습니다. 앞으로도 UX 관련 공부를 병행하며, 교육에 '몰입'과 '이해'를 더할 수 있는 콘텐츠를 만들고 싶습니다. 이처럼 저는 배움과 실천을 바탕으로, 더 나은 교육 환경을 만드는 데 기여하고자 합니다.

2) 사업계획서

(1) 사업계획서의 개념과 목적

사업계획서란 특정 프로젝트나 활동을 구체적으로 실현하기 위한 전체 계획을 정리한 공식 문서이다. 단순한 아이디어 수준을 넘어, 실행 과정 전반을 하나의 설계도로 시각화하는 역할을 한다. 사업계획서에는 사업 또는 활동의 목표와 필요성, 추진 방식, 예상 일정과 예산, 기대 효과 등이 구조적으로 담긴다. 말하자면 사업계획서는 단순한 기획안을 넘어서, 누가 보더라도 이 계획이 어떻게 실행될지 이해할 수 있도록 구체화된 실행 계획이다.

대학생들은 교내 프로젝트, 동아리 행사, 봉사활동, 공모전 등을 준비할 때 사업계획서를 작성하게 된다. 실제로 교내 공모전이나 외부 후원 신청서 등에서는 체계적인 계획서를 요구하는 경우가 많으며, 이러한 문서를 작성해 보는 과정 자체가 아이디어를 구체화하고 실행 가능성을 점검하는 계기가 된다.

사업계획서를 작성하는 주된 목적은 하나의 아이디어를 실행 가능한 계획으로 발전시키고, 그 계획을 다른 사람에게 설득력 있게 전달하는 데 있다. 계획서를 작성하는 과정에서 당초 막연했던 생각들이 명확한 구조를 갖게 되고, 필요한 자원과 예상되는 과제를 구체적으로 파악할 수 있다. 이 과정을 통해 사업에 대한 이해도가 깊어지고, 실행 가능성이 높아진다.

또한 사업계획서는 외부의 승인이나 지원을 얻기 위한 설득의 도구가 되기도 한다. 예를 들어 교내 지원금을 신청하거나, 공간 사용 허가를 받거나, 기업 후원을 유치할 때 신뢰할 수 있는 사업계획서가 없다면 승인 가능성은 낮아진다. 반면 탄탄하게 준비된 사업계획서는 담당자에게 계획의 타당성과 효과성을 인식시키며, 새로운 자원 확보의 기회를 열어준다. 글을 통해 설득하고 실행 기반을 다지는 경험은 학내 활동을 넘어 사회생활 전반에서 활용될 수 있는 중요한 글쓰기 역량으로 이어진다.

(2) 사업계획서의 구성요소

사업계획서는 단순히 떠오른 아이디어를 적어두는 문서가 아니라, 계획한 사업이 실제로 실행 가능한지, 그리고 그 사업이 어떤 의미와 가치를 지니는지를 논리적으로 설명하는 종합 계획 문서이다. 대학생도 동아리 프로젝트, 봉사활동, 교내 비교과 프로그램, 공모전 등 다양한 상황에서 사업계획서를 작성해야 하는데, 이때 항목을 얼마나 명확하게 구성하고 논리적인 흐름으로 설명하는지가 기획 역량의 핵심이 된다. 일반적으로 사업계획서는 사업개요, 사업의 필요성, 사업목적 및 목표, 사업내용, 예산계획, 기대효과, 성과평가 계획의 항목으로 구성된다. 이 항목들은 단순한 목차를 넘어 '왜 하는가'라는 배경에서 출발해, '무엇을 이루려 하는가'라는 목적과 목표로 이어지고, '어떻게 실행할 것인가'라는 구체적 과정과 예산을 제시하며, 마지막으로 '어떤 변화가 기대되는가'와 '그 성과를 어떻게 확인할 것인가'로 자연스럽게 연결된다.

① 사업개요

사업개요는 전체 사업을 소개하는 출발점으로, 독자가 사업의 윤곽을 한눈에 파악할 수 있도록 핵심 정보를 명확하고 간결하게 제시하는 부분이다. 사업명, 사업기간, 대상자, 장소, 주최·주관 단체, 그리고 간단한 취지가 포함되며, 이후 항목을 읽는 데 기본적인 기준이 되므로 특히 정확성과 명확성이 요구된다.

사업명은 사업 전체의 첫인상을 결정하는 중요한 요소이다. 제목만 보고도 사업의 성격, 대상, 목적을 대략 파악할 수 있어야 한다. 예를 들어 "청춘 프로젝트"처럼 추상적이고 모호한 제목은 사업의 성격이 드러나지 않아 적절하지 않지만, "2025 대학생 진로탐색 멘토링 프로그램"과 같이 대상과 활동이 명확한 제목은 사업의 성격을 선명하게 보여준다. 사업명은 지나치게 길면 전달력이 떨어지고, 반대로 너무 짧고 일반적이면 사업의 특징이 담기지 않으므로 핵심 키워드를 중심으로 구성하는 것이 중요하다. 또한 사업기간이나 대상, 장소를 표현할 때도 "봄 학기 중", "희망자 대상"처럼 모호한 표현은 지양해야 한다. 이와 반대로 "2025년 3월 10일~6월 30일, 재학생 1·2학년 40명 대상"처럼 구체적인 정보는 사업의 규모와 실행 가능성을 쉽게 판단하게 해준다. 사업개요는 정보가 분명하게 제시될수록 이후 내용과의 연결이 자연스러워진다.

② 사업의 필요성

사업의 필요성은 "왜 이 사업을 해야 하는가?"라는 질문에 답하는 항목으로, 사업의 존재 이유와 추진 배경을 설명한다. 대상자의 요구, 사회·지역적 변화, 정책 환경, 기존 프로그램의 한계 등을 근거로 사업의 타당성을 보여주는 부분이다. 필요성은 사업 전체의 논리적 기반이 되므로, 이 항목이 약하면 목적과 목표, 내용까지도 설득력을 확보하기 어렵다.

작성 시 개인적 느낌이나 막연한 기대감에만 의존해서는 안 되며, 객관적 자료를 활용하는 것이 필수적이다. 잘못된 작성의 예로는 "요즘 학생들이 힘들어하니까 필요하다고 생각한다"와 같은 서술이 있다. 이러한 표현은 객관적 근거가 제시되지 않은 개인적 인상에 머물러 설득력이 약하다. 반면 "학생상담센터 실태조사에서 신입생의 62%가 진로 불확실성으로 인한 불안을 경험한다고 응답하였고, 기존 상담은 1:1 중심으로 실제적 경험 제공에 한계가 있어 참여형 진로 탐색 프로그램의 필요성이 증가하고 있다"와 같은 서술은 구체적 근거를 바탕으로 문제를 설명해 훨씬 타당성이 높다.

필요성을 작성할 때는 "이 사업이 없다면 어떤 문제가 유지되거나 악화되는가?", "이 사업이 실행되면 어떤 필요가 충족되는가?"라는 관점으로 접근하면 보다 논리적이고 설득력 있는 설명을 할 수 있다.

③ 사업목적 및 목표

사업목적과 목표는 사업 전체의 방향을 설정하는 중요한 요소이다. 먼저 사업목적은 필요성에서 제시한 문제를 해결하거나 완화하기 위해 사업이 지향하는 궁극적인 방향을 한두 문장으로 제시한다. 목적이 추상적이고 일반적인 표현으로만 구성되면 사업의 방향이 모호해지므로, 목적 진술에는 반드시 어떤 대상에게 어떤 변화를 제공하려 하는지가 드러나야 한다.

목표는 이 목적을 실현하기 위한 구체적인 실행 수준의 결과를 의미한다. 목표는 단순한 의지 표현이 아니라, 실제로 성과를 확인할 수 있도록 구체적이고 측정 가능해야 한다. "학생들이 함께 어울리며 성장한다"는 목적이나 "학생들이 더 잘할 수 있도록 돕는다"는 목표는 방향성이 너무 추상적이며 평가가 가능하지 않아 바람직하지 않다. 반대로 "신입생의 진로 불안 완화와 실질적인 탐색 경험 제공을 통해 대학생활 적응을 돕는다"는 목적과, 그 아래 "참여 학생 40명이 4회기 진로탐색 워크숍에 참여한다", "사전·사후 자기효능감 점수 변화를 측정한다", "직무 탐색 활동을 통해 1개 이상의 진로 대안을 도출한다"와 같은 목표는 목적–목표–성과평가가 유기적으로 연결되어 있다.

목적은 방향을 보여주고, 목표는 그 방향으로 나아가기 위한 구체적 실행 기준을 제공하는 것이므로 두 항목을 명확히 구분해 작성해야 한다.

④ 사업내용

사업내용은 계획된 사업을 실제로 어떻게 실행할지를 구체적으로 설명하는 항목으로, 사업계획서 전체에서 가장 중요한 부분이다. 활동 구성, 운영 방식, 회기별 또는 단계별 구성, 참여 인력의 역할과 책임, 필요한 자원, 실행 일정 등 실제 운영과 관련된 요소들이 체계적으로 제시되어야 한다.

추상적인 서술은 실행 가능성을 떨어뜨린다. 예를 들어 "학생들과 여러 활동을 하며 재미있게 진행한다"와 같은 서술은 어떤 활동을 하는지, 어떤 목적을 달성하는지 전혀 알 수 없어 실행이 불가능하다. 반대로 구체적으로 "1회기에는 오리엔테이션 및 강점 진단, 2회기에는 팀 기반 전공·직무 탐색, 3회기에는 직업인 인터뷰 영상 분석 및 토론, 4회기에는 진로 로드맵 작성 및 공유"와 같이 회기별 활동이 명확히 제시되면 실행의 현실성과 신뢰도가 높아진다.

사업내용은 준비-실행-정리의 흐름이 자연스러워야 하며, 역할 분담 또한 구체적으로 명시되어야 한다. 역할 분담이 모호하면 사업이 실제 현장에서 원활하게 작동하기 어렵기 때문이다.

⑤ 예산계획

예산계획은 사업 수행에 필요한 비용을 항목별로 산출해 제시하는 부분이다. 예산은 사업의 실행 가능성과 현실성을 판단하는 핵심 기준이므로, 항목별 예산과 그 산출 근거가 명확해야 한다. 또한 예산은 학교 지원금, 팀 자체 부담, 외부 후원 등 어떤 방식으로 조달되는지를 분명히 제시해야 한다.

잘못된 예산 작성의 대표적인 예는 "총예산 200만 원. 운영비 150만 원, 나머지는 필요 시 사용"과 같은 경우이다. 이와 같은 예산안은 항목이 구체적이지 않고 산출 근거도 제시되지 않아 계획의 신뢰성이 낮다. 반면 "총예산 218,000원으로, 자료 제작비 40,000원(80부 × 500원), 간식비 120,000원(40명 × 3,000원), 평가도구 인쇄비 18,000원(60부 × 300원), 소모품 40,000원"처럼 항목, 금액, 산출 근거가 명확히 제시된 예산은 계획의 타당성과 전문성을 보여준다.

예산은 과도하게 부풀려서도 안 되지만 너무 적게 책정하는 것도 실행이 가능할지 의심하게 만든다. 예산 항목은 사업내용과 반드시 연결되어 있어야 하며, 실제 운영에 필요한 수준으로 현실성 있게 산출되어야 한다.

⑥ 기대효과

기대효과는 사업이 수행되었을 때 예상되는 긍정적 변화를 설명하는 항목이다. 이는 정량적 효과와 정성적 효과를 모두 포함할 수 있으며, 목적과 내용에 기반해 논리적으로 도출되어야 한다.

잘못된 예시는 "학생들이 유익한 시간을 보낼 것이다"처럼 추상적이고 검증 불가능한 표현이다. 이는 사업의 성과를 설명하는 문장으로는 적합하지 않다. 반면 "참여 학생의 진로결정 자기효능감이 사전 대비 평균 10% 향상될 것으로 예상된다", "팀 기반 활동을 통해 상호작용 능력과 대학생활 적응감이 향상될 것으로 기대된다"와 같이 구체적이고 측정 가능한 표현이면 평가 단계에서 성과를 확인할 수 있을 뿐 아니라 사업 자체의 타당성도 높아진다.

기대효과는 단순한 예상이 아니라 변화의 방향을 설명하는 것이므로, 목적과 활동 내용과의 연결성이 반드시 확보되어야 한다.

⑦ 성과평가 계획

성과평가 계획은 사업의 목표 달성 여부를 객관적으로 확인하기 위한 절차와 방법을 제시하는 항목이다. 평가 지표, 평가 도구, 평가

시기, 평가 절차 등이 포함되며, 평가 결과는 사업의 효과성을 확인할 뿐 아니라 이후 개선 방향을 설정하는 데 중요한 자료가 된다.

잘못된 사례는 “프로그램 종료 후 소감을 듣는다”와 같은 경우로, 평가 기준과 도구가 없어 객관적인 성과 확인이 불가능하다. 반면 “사전·사후 진로결정 자기효능감 척도 검사, 활동 참여도 체크리스트, 만족도 조사를 활용해 평가하며, 평가는 1회기 시작 전과 마지막 회기 종료 직후에 진행한다”와 같은 서술은 구체적이고 실현 가능한 평가 계획으로 바람직하다.

성과평가 계획은 사업계획서의 마지막 단계이지만 단순한 결론이 아니라, 사업의 질적 향상을 위해 필수적인 과정이라는 점을 인식해야 한다.

이와 같이 사업계획서의 일곱 가지 구성요소는 단순히 정보만 나열하는 것이 아니라, 각각이 논리적으로 연결되어 전체 사업의 흐름을 형성하는 중요한 요소이다. 개요에서 시작하여 필요성·목적·목표·내용·예산·효과·평가로 이어지는 구조를 이해하면, 처음 사업계획서를 작성하는 학생도 자연스럽게 체계적인 기획 문서를 완성할 수 있다. 또한 각 항목에서 흔히 발생하는 잘못된 작성 방식과 개선된 사례를 비교함으로써, 실제 적용 가능한 기획 역량을 기를 수 있다. 필요성에 근거를 제시하고, 목적과 목표를 구체적으로 설정하고, 내용과 예산을 현실적으로 구성하며, 기대효과와 평가 계획을 명확하게 기술하는 것이 바로 설득력 있는 사업계획서의 핵심이다.

(3) 사업계획서 작성 방법

사업계획서를 작성하는 과정은 단순히 양식의 빈칸을 채우는 작업이 아니라, 문제를 규정하고 목표를 설정하며 구체적 실행 전략을 설계하는 일련의 사고 과정이다. 앞에서 사업계획서가 어떤 구성요소로 이루어지는지 살펴보았다면, 이제는 그 요소들을 실제 글로 어떻게 풀어낼 것인가가 핵심 과제가 된다. 사업계획서는 문제를 발견하고, 이를 해결하기 위한 방향을 수립하며, 구체적인 실행 계획을 제시하고, 그 성과를 확인하는 순환 구조를 갖는다. 따라서 다음에서는 사업의 흐름에 따라 사업계획서 작성 과정을 단계적으로 살펴본다.

사업계획서 작성에서 가장 먼저 해야 할 일은 이 사업을 통해 해결하고자 하는 문제가 무엇인지 스스로에게 질문하는 일이다. 많은 학생들은 처음 기획을 시작할 때 무엇을 하고 싶은가에 집중하는 경향이 있지만, 실제로 설득력 있는 사업계획서는 왜 필요한가에서 출발한다. 단순히 재미있어 보이는 활동이나 이전부터 하고 싶었던 프로그램을 기획으로 옮기는 것만으로는 충분하지 않다. 어떤 대상자가 어떤 어려움을 겪고 있으며, 그 문제를 해결하기 위해 어떤 변화가 필요한지를 명확히 규정하는 것이 기획의 출발점이다. 이러한 문제 규정이 선행될 때 사업의 필요성, 목적과 목표, 활동 구성, 성과 평가까지 이후의 모든 단계가 자연스럽고 일관된 흐름으로 이어질 수 있다.

문제를 규정한 다음에는 그 문제를 뒷받침할 객관적 근거를 수집하는 작업이 필요하다. 사업계획서는 단순한 의견서가 아니라 근거 기반의 계획 문서이기 때문에, 최소한의 자료 조사는 필수적이다. 예를 들어 학생들을 대상으로 간단한 사전 설문조사를 실시하거나,

학교에서 발표한 통계자료를 참고하거나, 관련 보고서나 신문 기사에서 적절한 통계를 발췌하는 등의 방법이 있을 수 있다. 중요한 것은 방대한 자료를 모으는 것이 아니라, 사업 필요성을 명확하게 보여줄 수 있는 핵심 근거를 선택하여 정리하는 일이다. 이 과정에서 “이 자료는 필요성 항목에서 활용하겠다”, “이 통계는 기대효과에 연결할 수 있겠다”와 같이 자료의 용도를 미리 구분해 두면 이후 작성 과정이 훨씬 수월해진다.

이후에는 사업계획서 전체의 구조를 미리 설계하는 과정이 필요하다. 사업계획서는 일반적으로 사업개요, 필요성, 목적 및 목표, 사업내용, 예산계획, 기대효과, 성과평가의 순서로 구성되며, 작성자는 이러한 틀 안에서 각 항목에 들어갈 내용을 메모 또는 간단한 개요 형태로 정리해야 한다. 이 과정은 글쓰기 이전에 ‘내용의 지도’를 그리는 단계로, 사업을 하나의 이야기처럼 구성하는 데 도움이 된다. 사업의 문제 상황이 제시되고, 이를 해결하기 위한 방향이 설정되며, 구체적인 활동이 이어지고, 마지막에는 성과가 측정되는 하나의 서사 구조가 형성되어야 한다.

사업목적과 목표를 설정하는 단계에서는 두 개념의 수준 차이를 분명히 구분해야 한다. 사업목적은 사업이 궁극적으로 이루고자 하는 변화를 짧은 문장으로 제시하는 것이며, 방향성과 가치가 담겨 있어야 한다. 예를 들어 “신입생의 대학생활 적응을 돕고 진로 불안을 완화한다”와 같은 문장은 목적에 해당한다. 반면 사업목표는 이 목적을 실제로 달성했는지 확인할 수 있는 구체적인 지표여야 한다. 목표는 측정 가능해야 하며, 예를 들어 “참여자 40명 모집”, “사전·사후 검사 점수 평균 10% 향상” 등의 형태로 작성된다. 목적이 방향을 제시하는 나침반이라면, 목표는 그 방향을 향해 나아가기 위한 이정표라고 할 수 있다.

사업내용을 구성하는 과정에서는 전체 활동을 시간의 흐름에 따라 하나의 이야기처럼 상상해 보는 방법이 효과적이다. 사업은 대개 오리엔테이션으로 시작해서, 핵심 활동이 중간에 이루어지며, 마지막에 정리·평가 단계로 마무리된다. 이러한 전체 흐름을 머릿속에 그린 뒤 각 단계에서 어떤 활동을 수행할지보다 구체적으로 정리하는 것이 좋다. 이때 중요한 점은 각 활동이 사업목적과 목표를 실현하는 데 어떻게 기여하는가이다. 단순히 재미있다는 이유만으로 구성한 활동은 기획의 일관성을 저해한다. 활동을 문서로 표현할 때는 실제 현장에서 장면이 그려질 정도로 구체적으로 작성해야 한다. “팀 활동을 진행한다”보다는 “4~5인으로 팀을 구성해 제시된 문제를 토론하고 해결안을 발표한다”와 같은 묘사가 훨씬 명확하며, 심사자나 독자에게 실행력을 보여줄 수 있다.

예산계획은 사업내용을 바탕으로 역으로 계산하는 방식이 효과적이다. 실제로 활동은 분명 존재하지만 예산이 누락되거나, 반대로 활동은 없는데 예산만 존재하는 경우가 종종 발생한다. 이를 방지하기 위해서는 각 활동을 하나씩 검토하여 어떤 비용이 필요한지 추출해야 한다. 예산계획에는 총예산, 세부 예산 항목(재료비, 운영비, 인쇄비, 홍보비 등), 그리고 산출 근거를 함께 제시해야 한다. 예산 항목과 사업내용이 정확히 대응될수록 심사자는 사업의 실현 가능성을 더 높게 평가한다.

기대효과와 성과평가는 사업계획서의 마지막에 위치하지만, 작성 순서로는 목적과 목표를 정한 직후 함께 구상하는 것이 바람직하다. 목표가 구체적일수록 기대효과는 자연스럽게 도출되며, 성과평가는 그 목표와 효과를 확인하기 위한 과정이 된다. 예를 들어 진로결정 자기효능감 향상이라는 목표가 있다면, 기대효과에는 진로 불안 감소나 자기 이해의 심화와 같은 긍정적 변화를 포함할 수 있고, 성과평가는 사전·사후 점수 변화를 측정하는 방식으로 구성할 수 있다. 목적–목표–활동–효과–평가가 하나의 선 위에서 논리적으로 연결될 때, 사업계획서는 완결성을 갖춘다.

마지막으로, 초안을 완성한 뒤에는 전체 문서를 처음부터 끝까지 다시 읽으며 논리적 흐름과 문장의 정확성을 점검해야 한다. 필요성과 목적이 자연스럽게 이어지는지, 목표가 목적을 실현할 수 있는지, 활동 내용이 목표 달성에 적절한지, 예산이 내용과 정확히 대응하는지, 기대효과와 성과평가가 앞서 제시된 목표와 어긋나지 않는지 등을 꼼꼼히 확인해야 한다. 이러한 점검 과정은 사업계획서의 완성도를 결정짓는 중요한 단계이며, 가능하다면 팀원이나 지도교수 등 제3자의 피드백을 받는 것이 더욱 바람직하다.

요약하자면, 사업계획서 작성 과정은 문제를 정의하고, 자료를 통해 근거를 확보하며, 목적·목표·활동·예산·효과·평가를 논리적 순서에 따라 구성하는 일련의 전문적 사고 과정이다. 이 절의 내용을 순차적으로 따라가면 처음 사업계획서를 작성하는 학생이라도 체계적이고 설득력 있는 기획 문서를 완성할 수 있을 것이다.

(4) 사업계획서 작성 시 유의점

사업계획서는 단순히 아이디어를 제시하는 글이 아니라, 그 아이디어가 왜 필요한지, 무엇을 목표로 하는지, 어떻게 실행할 수 있는지를 명확하게 구조화하여 보여주는 공식 문서이다. 따라서 좋은 사업계획서는 '무엇을 기획했는가' 못지않게 '어떻게 글로 표현했는가'가 매우 중요하다. 같은 내용이라도 문장 구성, 자료 제시 방식, 논리 흐름, 가독성에 따라 전체 문서의 전문성과 설득력이 크게 달라질 수 있기 때문이다. 다음은 사업계획서를 작성할 때 반드시 유의해야 할 핵심 원칙들을 정리하였다. 이 원칙들은 단순한 글쓰기 기술을 넘어, 기획자의 사고방식과 태도를 반영하는 기준이 된다.

우선 사업계획서는 격식 있는 문어체를 사용하는 것이 기본이다. 이는 지나치게 어려운 표현을 쓰라는 의미가 아니라, 공식 문서의 성격에 적합한 정제된 어조를 유지하라는 뜻이다. "~할 거예요", "~했어요", "완전 좋아요" 같은 구어체나 은어는 신뢰도를 낮추며, 친근함보다는 가벼운 인상을 줄 수 있다. 반면 "~합니다", "~입니다", "~일 것입니다"와 같은 표현은 전문성과 안정감을 주면서도 자연스러운 문서 어투를 형성한다. 학생들이 자주 하는 실수는 지나치게 말을 꾸미거나, 전문성을 과도하게 의식해 지나치게 긴 문장을 사용하는 것이다. 사업계획서에서는 현학적인 표현을 지양하고, 명확하고 품위 있는 문장으로 독자가 쉽게 이해할 수 있도록 작성하는 것이 중요하다.

둘째, 사업계획서는 무엇보다 정확성과 객관성을 갖추어야 한다. 사업의 필요성을 설명할 때 추측이나 감에 의존한 표현은 설득력을 잃기 쉽다. 예를 들어 "많은 학생들이 이 활동을 원한다"고 쓰는 것은 주관적이고 모호하다. 반면 "2024년 대학생활 실태조사 결과, 응답자의 62%가 전공 선택에 대해 불안을 느낀다고 응답하였다"는 문장은 출처와 수치를 기반으로 신뢰를 확보할 수 있다. 통계·조사·문헌 등 자료를 활용할 때는 출처를 명시하는 것이 원칙이며, 문서 전체에서 오탈자와 문법 오류를 최소화해야 한다. 초안 작성 후 반드시 교정 과정을 거쳐 표현, 맞춤법, 논리적 오류를 점검하는 것이 필요하다. 이는 단순한 글쓰기 기술을 넘어, 기획자의 성실성과 전문성을 드러내는 중요한 요소이다.

셋째, 구체성과 명확성은 사업계획서의 완성도를 결정하는 핵심 기준이다. 사업계획서는 미래에 진행될 활동을 설명하는 문서이기 때문에, 추상적 표현은 실행 가능성을 판단하는 데 큰 장애가 된다. "홍보를 열심히 하겠다", "학생들의 참여를 유도하겠다"와 같은 표현은 실제로 어떻게 활동할 것인지 알 수 없으므로 설득력이 떨어진다. 반면 "SNS 채널을 활용해 주 3회 홍보 게시물을 업로드하고, 월 1회 오프라인 설명회를 개최한다"는 문장은 활동 주체, 방식, 횟수 등이 구체적이기 때문에 실행 가능성이 높아 보인다. 특히 예산·일정·대상과 관련된 항목은 구체성을 반드시 확보해야 한다. 숫자, 기간, 방법, 장소 등을 명시하는 것이 기본이며, "대략", "많은", "충분히" 같은 모호한 표현은 지양해야 한다. 단, 구체화 과정에서 전문용어를 과도하게 사용하는 것은 오히려 가독성을 떨어뜨릴 수 있으므로, 명확하지만 평이한 문장으로 서술하는 균형이 필요하다.

넷째, 전 항목에서 논리적 흐름과 일관성을 유지해야 한다. 사업계획서는 항목별로 내용을 나누어 작성하지만, 독자가 이해할 때는 하나의 큰 흐름으로 읽히는 문서이다. 따라서 사업의 필요성에서 제시된 문제는 자연스럽게 사업목적 및 목표에서 해결 방향으로 이어져야 하고, 그 목표는 사업내용에서 구체적 실행 전략으로 연결되어야 한다. 또한 기대효과와 성과평가 계획은 앞서 제시한 목표와 일관된 방향성을 가져야 한다. 중간에 용어가 달라지거나, 앞뒤가 맞지 않는 정보가 등장하면 문서 전체의 신뢰도가 낮아진다. 예를 들어 앞에서 '멘토링 프로그램'이라고 했는데 중간에 '교육 프로그램', '지도 활동' 등 다른 용어를 혼용하는 것은 독자에게 혼란을 줄 수 있다. 처음 설정한 개념과 용어는 문서의 마지막까지 동일하게 유지하는 것이 바람직하다.

다섯째, 사업계획서는 본질적으로 설득을 위한 글이라는 점을 유념해야 한다. 단순히 정보를 나열하는 것은 기획서라기보다 보고서에 가깝다. 사업계획서는 "왜 이 사업이 지금 필요한가", "왜 이 방식으로 해야 하는가", "왜 이 기획을 지원해야 하는가"를 독자에게 논리적·객관적·자료 기반의 방식으로 보여주어야 한다. 이를 위해 근거 제시, 논리적 설명, 결론 및 요청의 구조를 활용하면 설득력이 높아진다. 또한 독자의 관점을 고려하는 것도 중요하다. 대학 심사위원은 학생성장, 교육적 효과, 학교 이미지 향상에 관심을 가질 수 있으며, 공모전 심사위원은 창의성과 파급력을 중시할 수 있다. 따라서 독자가 중요하게 여길 요소를 강조하는 전략적 글쓰기가 필요하다. 이는 자기소개서 작성에서도 강조되는 전략적 글쓰기와 동일한 원리라 할 수 있다.

마지막으로, 가독성과 편집은 문서의 전달력을 좌우하는 핵심 요소이다. 아무리 논리적인 내용이라도, 문장이 지나치게 길거나 단락 구분이 부족하면 읽기 어렵다. 문장은 가능한 한 간결하게 유지하고, 한 문장에는 하나의 핵심만 담도록 구성하는 것이 바람직하다. 또한 표·도표·도식은 복잡한 정보를 시각적으로 표시하여 독자의 이해를 크게 높일 수 있다. 중요 단락에는 핵심 키워드를 강조하거나, 문단을 나누어 시각적 부담을 줄이는 것도 효과적이다. 문서 작성이 완료되면 반드시 맞춤법 검사와 전체 흐름 점검을 거쳐 오류를 최소화해야 하며, 가능하다면 제3자에게 초안을 읽어 달라고 요청해 독자의 관점에서 문서를 점검받는 것이 도움이 된다.

요약하자면, 사업계획서 작성 시 유의점은 명확성, 구체성, 객관성, 논리성, 일관성, 가독성이라는 여섯 가지 기준을 중심으로 정리할 수 있다. 사업계획서는 단순한 아이디어 제시가 아니라, 문제 해결을 위한 전략 문서이므로 글쓰기의 기본기와 기획적 사고가 동시에 요구된다. 훌륭한 아이디어라도 문서가 흐릿하면 설득력이 떨어지고, 평범한 아이디어라도 명확하고 논리적으로 표현되면 높은 평가를 받을 수 있다. 사업계획서는 결국 기획력과 글쓰기 기술이 결합될 때 비로소 완성도 높은 문서가 된다.

사업계획서 작성 역량을 향상시키기 위해서는, 실제 항목을 하나 골라 해당 내용에 맞는 단락을 작성해 보는 연습이 효과적이다. 특히 사업의 필요성, 사업목표, 사업내용은 기획자의 사고방식과 논리 전개 능력이 잘 드러나는 부분이므로 반복 연습에 적합하다. 아래 예시는 각 항목에 대한 실제 단락 구성의 예시로, 학습자가 직접 연습할 때 참고할 수 있다.

■ 예시 1: 사업의 필요성

우리 대학 신입생을 대상으로 실시한 2024년 설문조사 결과, 응답자의 62%가 "전공 선택과 진로 결정에 어려움을 느낀다"고 응답하였다. 특히 인문사회계열 학생들은 전공 정보 부족과 진로 탐색 경험의 제한이 주요 원인으로 나타났다. 학교 차원에서 다양한 진로 특강이 제공되고 있으나, 대부분 대규모 강의 형태로 운영되어

개별 학생의 고민을 세밀하게 반영하기 어렵다는 한계가 있다. 이에 따라 신입생들이 선배와 소규모로 소통하며 자신의 관심과 강점을 기반으로 진로를 탐색할 수 있는 구조가 필요하다. 이러한 문제 인식에 기반하여 본 사업은 신입생의 진로 불안을 완화하고, 더 주도적인 대학생활 적응을 지원하는 멘토링 체계를 마련하고자 한다.

■ **예시 2: 사업목표**

본 사업의 목적은 신입생의 대학생활 적응을 촉진하고, 진로결정 자기효능감을 향상시키는 데 있다. 이를 실현하기 위해 첫째, 한 학기 동안 총 40명의 신입생을 대상으로 소규모 멘토링 프로그램을 운영한다. 둘째, 참여 학생을 대상으로 실시하는 대학생활 적응 척도 사전·사후 검사에서 평균 점수가 15% 이상 향상되는 것을 목표로 설정한다. 셋째, 프로그램 종료 후 실시하는 만족도 조사에서 참여자의 80% 이상이 "진로 탐색에 도움이 되었다"고 응답하는 것을 목표로 한다. 이러한 목표들은 이후 성과평가 단계에서 사업의 효과성을 검증하는 기준이 될 것이다.

■ **예시 3: 기대효과**

본 사업은 신입생의 대학생활 적응과 진로 탐색에 필요한 핵심역량을 다각도로 향상시킬 것으로 기대된다. 먼저, 정기적인 멘토링을 통해 학업·진로·대인관계와 관련된 초기 불안을 완화하고, 대학생활에 대한 자신감을 높임으로써 대학생활 적응 척도 평균 점수의 향상을 예상할 수 있다. 둘째, 진로 흥미 검사와 소그룹 활동을 기반으로 자신의 흥미와 강점을 명확히 이해하게 되며, 그 과정에서 진로결정 자기효능감이 실질적으로 강화될 것으로 기대된다. 유사한 멘토링 프로그램에 참여한 학생들이 전공 선택과 수강신청 과정에서 보다 주도적인 의사결정을 보였다는 선행 연구 결과도 이러한 효과를 뒷받침한다. 셋째, 멘토-멘티 간 상호작용을 통해 자연스럽게 형성되는 사회적 지지 경험은 신입생의 정서적 안정감과 학교 소속감을 증진시키는 데 기여할 것이다. 아울러 멘토로 참여하는 재학생 역시 후배를 지원하는 과정에서 자신의 대학생활을 성찰하고, 리더십·조율·의사소통 역량을 강화하게 된다. 이러한 변화는 단기적 성과에 머물지 않고, 장기적으로는 학과 전반의 학업 만족도 향상과 공동체 문화 형성으로 확장되는 파급 효과를 가져올 것으로 기대된다.

참고문헌

- 강원국(2018).『강원국의 글쓰기』. 메디치.
- 강원국(2020).『나는 말하듯이 쓴다』. 위즈덤하우스.
- 강유진 외(2018).『대학생을 위한 글쓰기』. 중앙대학교출판부.
- 간호배(2010).『글쓰기의 전략과 활용』. 채륜.
- 간호배, 노춘기, 박상민, 정혜경(2022).『창의융합 글쓰기』. 한국문화사.
- 김봉군(2002). 『문장기술론』. 삼영사
- 김성우(2024).『인공지능은 나의 읽기, 쓰기를 어떻게 바꿀까』. 유유.
- 김은정 외(2023).『대학생을 위한 논리적 글쓰기』. 양성원.
- 김정선(2016).『내 문장이 그렇게 이상한가요?』. 유유.
- 김진희 외(2023).『디지털 시대 대학 글쓰기』. 역락.
- 김태경(2018).『간호학 중심 토론과 글쓰기』. 공동체.
- 남기택, 최도식, 국원호, 박상익(2022).『대학생을 위한 창의적 글쓰기와 토론』. 삼경문화사.
- 남정희, 최예열, 채석용(2017). 『대학생을 위한 글쓰기 기초』. 태학사.
- 백승권(2014).『글쓰기가 처음입니다』. 메디치.
- 벌린 클링켄보그. 박민 역(2020). 『짧게 잘 쓰는 법』. 교유서가.
- 사이토 다카시. 장은주 역(2024). 『글쓰기의 힘』. 데이원.
- 손현(2021).『글쓰기의 쓸모』. 북스톤.
- 송숙희(2018), 『150년 하버드 글쓰기 비법』. 유노북스.
- 송재일 외(2021). 『대학생을 위한 성장과 소통의 글쓰기』. 박이정.
- 스티븐 킹. 김진준 역(2017). 『유혹하는 글쓰기』. 김영사.
- 은유(2016). 『쓰기의 말들』. 유유.

- 윤진, 배진희, 이정옥, 이정미, 김세령(2024).『4차산업혁명시대 대학생 역량 UP』. 현문사
- 이다혜(2018).『처음부터 잘 쓰는 사람은 없습니다』. 위즈덤하우스.
- 이수연(2024).『좋은 문장 표현에서 문장부호까지!』. 마리북스.
- 이주윤(2024).『더 좋은 문장을 쓰고 싶은 당신을 위한 필사책』. 빅피시.
- 임영균(2024).『잘 읽히는 보고서 문장의 비밀』. 한빛미디어.
- 전지니 외(2024).『인공지능 시대 대학생을 위한 말하기와 글쓰기』. 태학사.
- 정성현, 하경숙, 김정인(2021).『대학생을 위한 SNS 글쓰기』. 학고방.
- 하야미네 가오루, 김윤경 역(2021).『문장교실』. 월북.
- 곽윤경(2022). 대학생 글쓰기에 나타난 문장 유형과 개선방안. 인문사회 21, 13(3), 589-602.
- 공성수(2016). 논리적 글쓰기 전략으로서 인용의 기능과 유형 연구: 대학생 글쓰기에 나타난 사례들을 중심으로. 교양교육연구, 10(4), 605-645.
- 권성규(2016). 과정중심의 자기소개서 쓰기 교수법. 교양교육연구, 10(2), 287-323.
- 김혜경(2014). 취업 목적의 자기소개서 쓰기 지도 연구. 비평문학, 51, 7-34.
- 김희경(2009). 과정 중심의 자기소개서 쓰기 실제. 한성어문학, 28, 161-185.
- 나은미(2009). 대학 글쓰기 교육에서 자서전과 자기소개서 쓰기 연계 교육 방안. 화법연구, 14, 115-141.
- 박순원(2012). 자기 형성 과정으로서의 글쓰기 방법 연구: 자기소개서 작성을 중심으로. 우리어문연구, 43, 153-175.
- 양지윤, 노승민, 손미나(2021). 청년 구직자의 자기소개서 분석. 고용이슈, 2021(봄), 68-85.

- 오선영(2011). 자기소개서 쓰기와 대학생의 정체성: 교육적 함의(含意)를 중심으로. 한국문학이론과 비평, 51, 245-263.
- 황성근(2008). 대학생의 글쓰기 윤리와 표절 문제.사고와 표현, 1(1), 231-266.

- 국립국어원. 한국어 어문 규범. https://korean.go.kr/kornorms/regltn/regltnView.do#a

대학생을 위한 **즐거운 글쓰기**

초판 1쇄 인쇄 **2025년 12월 20일**
초판 1쇄 발행 **2025년 12월 30일**

저 자 | **이 정 미** 지음

발 행 처 | 도서출판 에듀컨텐츠휴피아
발 행 인 | 李 相 烈
등록번호 | 제2017-000042호 (2002년 1월 9일 신고등록)
주 소 | 서울 광진구 자양로 28길 98, 동양빌딩
전 화 | (02) 443-6366
팩 스 | (02) 443-6376
e-mail | iknowledge@naver.com
web | http://cafe.naver.com/eduhuepia
만든사람들 | 기획 · 김수아 / 책임편집 · 이진훈 한지수 정민경
디자인 · 유충현 / 영업 · 이순우

I S B N | 978-89-6356-543-9 (13800)

정 가 | 16,000원